KERSTIN ELISABETH RIEMER

MEINE *Auszeiten* CHIEMGAU

DURCHATMEN & KRAFT SCHÖPFEN

DROSTE

Liebe Auszeit-Suchende,

mit seinen sanft geschwungenen Wiesen, den tiefblauen Seen, mystischen Mooren und eindrucksvollen Bergen ist der Chiemgau schon landschaftlich wahrer Balsam für die Seele. Wer tiefer in die Region zwischen Chiemsee, der stolz auch das Bayerische Meer genannt wird, und Chiemgauer Alpen eintaucht, findet wunderbare Orte zum Entdecken, Genießen und Entspannen. Lass beim Day Spa die Seele baumeln, tanke an atemberaubenden Kraftplätzen neue Energie oder nutze die Magie der Natur, um dein inneres Gleichgewicht wieder ins Lot zu bringen – kurzum: Wähle aus dieser facettenreichen Ideensammlung genau das, was du gerade brauchst. Möge dieses Buch deine persönliche Schatzkiste für eine erholsame Auszeit vom Alltag werden.

Deine Kerstin Elisabeth Riemer

Meine Atempause

Meine Kraftquelle

Mein Tag Urlaub

Meine Frei-Zeit

KRAFTPLATZ MIT WEITBLICK

Hoch über dem Tal der Tiroler Ache lädt die idyllische Streichenkirche vor eindrucksvoller Kulisse und mit kostbaren Schätzen im Innenraum zu einer Auszeit.

Vom Wanderparkplatz am Streichen führt ein breiter Forstweg durch den herrlichen Bergwald immer leicht bergauf bis zur **Streichenkirche St. Servatius.** Etwa 15 Minuten braucht man für den kurzen Fußweg, der einen schon unterwegs zur Ruhe kommen lässt.
Oben angekommen, wird man für den kleinen Spaziergang mit einem wunderschönen Panorama belohnt. Während sich unten im Tal türkisblau die Tiroler Ache in Richtung Chiemsee schlängelt, ragt rundum die **Chiemgauer Bergwelt** empor. Besonders prägen der Blumenberg Geigelstein, mit seinen 1808 Metern zweithöchster Berg der Chiemgauer Alpen, die weitbekannte Kampenwand und die Hochplatte die traumhafte Kulisse. Geht man um die Streichenkirche herum, öffnet sich auf der anderen Seite der Blick ins Nachbarland Tirol und macht die Bühne frei für das eindrucksvolle Kaisergebirge. Da heißt es, erst einmal tief durchatmen, staunen und genießen. Wer möchte, nimmt dazu auf einer der Holzbänke Platz. So kann man die Szenerie seelenruhig auf sich wirken lassen.

Für mich!
Sakraler Kraftort mit wunderschönem Panorama

Wer sich vom malerischen Ausblick losreißen kann, entdeckt das Innere der St.-Servatius-Kirche. Ihre Geschichte geht bis ins 12. Jahrhundert zurück, wo sie einst den **Streichenrittern** als Burgkapelle diente. Während sich das Kirchlein von außen sehr schlicht präsentiert, warten im Innenraum wahre Schätze auf die Besucher. Die aus der Zeit um 1440 stammenden **Wandmalereien** sind ein außergewöhnliches Zeugnis mittelalterlicher Kirchenkunst. Beim Betrachten der einzigartigen Fresken kann man sich in den feinen Details verlieren und wunderbar abschalten. Daneben ziehen **Schnitzaltäre** aus dem 16. Jahrhundert sowie ein kostbarer Kastenaltar die Blicke auf sich.
Egal ob drinnen oder draußen – hier oben am Streichen lassen sich Kraft und neue Energie tanken. Auf dem Rückweg lohnt sich ein Abstecher in den traditionsreichen Berggasthof Streichen direkt unterhalb der Kirche.

Streichenkapelle, Streichen 1, 83259 Schleching

HINSETZEN UND WOHLFÜHLEN

Brotzeit ist die schönste Zeit – besonders im Wiggerl Siebzehn. Bodenständige Gastlichkeit trifft auf kulinarischen Hochgenuss und gelungenes Interior-Design.

Leckeres Essen und entspannte Gespräche in gemütlicher Atmosphäre – eine Auszeit im Wiggerl Siebzehn ist Balsam für die Seele. Der einstige Spielzeugladen am Traunsteiner Stadtpark wurde mit viel Herzblut in einen einmaligen Wohlfühlort verwandelt. Warme Farben, hochwertige Holzmöbel und das ein oder andere Vintage-Stück schaffen ein Ambiente, das zum Verweilen einlädt. Die Inhaber Hannes und Boris haben mit dem **Wiggerl Siebzehn** ihr Herzensprojekt realisiert und stehen häufig selbst hinter dem Tresen. Über diesen wandern neben frisch gebrühtem, herrlich **duftendem Kaffee** und leckeren Drinks zur Aperitifzeit vor allem belegte Brote. Das mag spartanisch klingen, doch das Team des Wiggerl Siebzehn versteht es, aus einer simplen Brotzeit einen köstlichen **Gaumenschmaus** zu zaubern!

Für mich!
Kaffee und Brotzeit in stimmigem Ambiente

Schon beim Lesen der Speisekarte läuft einem das Wasser im Mund zusammen. Sauerteigsemmel mit Gorgonzola-Walnuss-Frischkäse und feinstem, hauchdünn geschnittenem Südtiroler Parmaschinken oder doch lieber belegt mit Preiselbeer-Meerrettich-Frischkäse, Ziegenkäse und Petersilienöl? Und weil das Auge bekanntlich mitisst, werden die Brötchen kunstvoll mit selbst fermentiertem Gemüse garniert und stilecht auf einem Holzbrettl serviert.

Aufs Brot kommen nur die besten und vor allem möglichst regionale Zutaten. Die Backwaren stammen vom Chiemsee und aus Traunstein, Schinken und Salami aus der Gegend um Meran und die frische Milch von der Molkerei Berchtesgadener Land. Auch beim Kaffee stehen **Qualität und Genuss** an erster Stelle. Die Bohnen, die – wie auch die Speisekarte – regelmäßig wechseln, werden von befreundeten Röstereien aus ganz Deutschland bezogen. Gekonnt zubereitet sorgen sie für eine genussvolle Auszeit im Wiggerl Siebzehn. Das hat seinen Namen übrigens seinem Ort zu verdanken. Wiggerl ist der bayerische Kosename für Ludwig – und das Café befindet sich in der Ludwigstraße 17.

Wiggerl Siebzehn, Ludwigstraße 17, 83278 Traunstein, Tel. (08 61) 21 17 41 18, www.wiggerl17.de

ERFRISCHENDER NATURGENUSS

Waldbaden mal anders: Unweit des Chiemsees, aber weit weg vom Alltag sorgt der Tüttensee in einem Landschaftsschutzgebiet für Erholung und Naturgenuss.

Etwas versteckt, inmitten eines Wäldchens zwischen Grabenstätt und Vachendorf, liegt der idyllische **Tüttensee.** Die kleine Natur-Oase ist perfekt für eine entspannte Auszeit am oder im Wasser. Von Mai bis September lockt der Naturbadesee, der zu den wärmsten in Oberbayern zählt, zu einem Sprung ins kühle Nass – zum Beispiel vom **Strandbad** mit seiner großen, schattigen Liegewiese aus. Hier gibt es auch einen kleinen Nichtschwimmerbereich, ein Beachvolleyballfeld sowie einen Bootsverleih. Perfekt zum Sonnenbaden sind die beiden Schwimminseln im See. Am Ufer entlang führen zudem einige Holzstege zum Wasser. Mutige können sich an einem der dicken Seile, die an kräftigen Bäumen angebracht sind, ins Wasser schwingen.

Für mich!
Idyllische Oase zum Baden und Spazieren

Rund um den See schlängelt sich ein herrlicher Weg durch die facettenreiche geschützte Natur. Nur vom Gezwitscher der Vögel begleitet kann man hier gemütlich spazieren und neue Energie tanken. Etwa eine halbe Stunde braucht man für die knapp 2 Kilometer. Der ebene **Rundweg** verläuft nah am Ufer und verbreitet zu jeder Jahreszeit eine unvergleichliche Atmosphäre. Egal ob als Spaziergängerin oder Badegast – ein Besuch der **Seewirtschaft** lohnt sich auf jeden Fall! Von der großen Terrasse genießt man einen traumhaften Blick über den See und den umliegenden Wald. Dazu noch ein leckeres Stück Kuchen oder einen erfrischenden Cocktail und der Alltag ist vergessen!

Was man dem See gar nicht ansieht: Ihn umgibt ein großes **Geheimnis!** Zu seiner Entstehung gibt es nämlich zwei Theorien. Wahrscheinlich ist der Tüttensee ein etwa 12.000 Jahre alter Toteissee, der durch den Rückzug des Chiemsee-Gletschers nach dem Höhepunkt der letzten Eiszeit entstanden ist. Andere wiederum vermuten, dass der See vor etwa 2500 Jahren infolge des sogenannten Chiemgau-Impakts, eines Meteoriteneinschlags, entstanden ist. Eines ist aber sicher: Der Tüttensee ist das perfekte Ziel für eine erholsamen Ausflug!

Strandbad Tüttensee, Lueg 2, 83377 Vachendorf,
Tel. (0 86 61) 98 38 38, www.tuettensee-seebad.de

KUNSTVOLLE BEGEGNUNGEN

„Kunst wäscht den Staub des Alltags von der Seele" – für eine Auszeit im DASMAXIMUM könnte das Zitat von Pablo Picasso nicht passender sein.

Inmitten der Kleinstadt Traunreut, eher abseits touristischer Reiserouten, haben einige zeitgenössische Kunstwerke von Weltrang ihren Platz gefunden. Der ungewöhnliche Standort für Exponate wie diese ist dem Kunstmäzen Heiner Friedrich zu verdanken, denn der einstige Industriekomplex ist eng mit seiner Familiengeschichte verwoben. Sein Vater, Harald Friedrich, produzierte hier mit seiner Firma Alzmetall einst den ausgefallenen Kleinwagen „Spatz". Nach Jahren des Leerstandes beschloss Heiner Friedrich schließlich die Umnutzung des Areals zum **Museum für Kunstgegenwart.**

Für mich!
Ein Maximum an zeitgenössischer Kunst

Schon von Weitem stimmen die großen bunten Hallen auf den Museumsbesuch ein. Hier werden heute große Werkgruppen fünf deutscher und vier amerikanischer Künstler ausgestellt – allesamt enge Weggefährten des Kunstsammlers und Galeristen Friedrich. Georg Baselitz, John Chamberlain, Walter De Maria, Dan Flavin, Imi Knoebel, Blinky Palermo, Uwe Lausen, Andy Warhol und Maria Zerres prägen seit den 1960er-Jahren Kunstrichtungen wie Pop Art, Minimalismus, Konzeptkunst, Land Art sowie neue expressive Figuration.

Das Ausstellungskonzept, bei dem das unmittelbare **Erleben der Kunst** im Vordergrund steht, wird durch die **puristische Architektur** des 4300 Quadratmeter umfassenden Museumskomplexes unterstrichen. Großzügige, lichtdurchflutete Räume, weiße Wände und Decken, heller Holzboden und der freigelegte Dachstuhl bilden einen unaufdringlichen Hintergrund für die herausragenden Exponate. Auf Schilder und Erläuterungen wird genauso verzichtet wie auf eine Inszenierung der Werke durch künstliche Beleuchtung. Stattdessen können die Bilder, Skulpturen und Installationen im wechselnden Licht der Tages- und Jahreszeiten immer wieder neu entdeckt werden. Es geht um Kontinuität und um Zeit für eine intensive Begegnung mit der Kunst der Gegenwart.

DASMAXIMUM, Fridtjof-Nansen-Str. 16, 83301 Traunreut,
Tel. (0 86 69) 1 20 37 13, www.dasmaximum.com

EIN BLICK INS UNIVERSUM

Inmitten einer einzigartigen Naturkulisse taucht man im Sternenpark auf der Winklmoosalm in die atemberaubende Magie des Universums ein.

Die Sonne verabschiedet sich mit den buntesten Farben und der aufgehende Mond läutet die Nacht ein. Nach und nach erstrahlen immer mehr Lichtpunkte am Firmament über der **Winklmoosalm.** Sie ist der ideale Ort, um in das Universum einzutauchen, denn sie ist als **International Dark Sky Park** zertifiziert. Das Almgebiet ist damit einer von vier Sternenparks Deutschlands und zugleich der erste in den Alpen. Sternenparks sind Lichtschutzgebiete, die die Dunkelheit der Nacht wahren und damit den Lebensraum nachtaktiver Tiere schützen. Gleichzeitig sensibilisieren sie dafür, wie wichtig ein bewusster Umgang mit künstlichem Licht für Natur und Mensch ist.

Für mich!
Eine unvergessliche Reise zu den Sternen

Das Hochplateau bietet auf 1200 Metern Höhe ein nahezu uneingeschränktes 360-Grad-Panorama. Dank der äußert geringen Lichtverschmutzung eröffnet sich hier die faszinierende **Schönheit des Sternenhimmels.** Mehr als 5000 Sterne rauben in einer klaren, mondfreien Nacht den Atem. Zum Vergleich: Am Nachthimmel über München sind nur rund 500 Sterne zu sehen. Ganze 10.000 Lichtjahre, also unvorstellbare 100.000 Billionen Kilometer entfernt ist der Stern, den man auf der Winklmoosalm noch mit bloßem Auge erkennen kann. Mit etwas Glück entdeckt man sogar die Andromedanebel, unsere 2,5 Millionen Lichtjahre entfernte Nachbargalaxie.

Je länger die Augen sich an die Dunkelheit gewöhnen, desto mehr Details sind sichtbar – auch ohne Kamera, Fernglas oder Teleskop. Damit man sich bei der gigantischen Fülle am Himmelszelt nicht verirrt, werden im Sommer **Führungen** angeboten. Die Besucher unternehmen eine Reise durchs Universum und tauchen in Sternbilder und Sternfelder, galaktische Nebel und ferne Galaxien ein. Aber auch ohne Sternenführung kann man sich zum Beispiel auf drehbaren **Sternenbänken** bequem hinlegen und von der funkelnden Pracht in den Bann ziehen lassen. Und mit den speziell angefertigten Winklmoos-Sternkarten finden sich auch Laien am Himmel zurecht.

Sternenpark Winklmoosalm, Klammweg, 83242 Reit im Winkl,
www.sternenpark-winklmoosalm.de

6 *Meine Atempause*

MOBILES WELLNESSVERGNÜGEN

Saunabaden, wo immer man möchte: Das fahrbare Saunawagerl vom Tachinger See bietet eine außergewöhnliche Oase im skandinavischen Stil.

Saunieren ist reinigend, gesundheitsfördernd und wohltuend für die Seele. Doch nicht jeder schwitzt gern in Gesellschaft mit Fremden oder hat Platz für eine eigene Indoor-Sauna. Die Lösung? Das **Saunawagerl** vom Tachinger See! Die mobile Outdoor-Sauna bietet erholsames Saunavergnügen in außergewöhnlichem Ambiente und mit maximaler Privatsphäre. Denn sowohl die Saunarunde als auch den Ausblick aus der Mietsauna kann man sich selbst aussuchen.

Die **hölzerne Fasssauna** kommt auf vier Rädern daher und passt dank ihrer kompakten Größe an nahezu jeden Ort. Egal ob vor der eigenen Haustür, im Garten, am Ferienhaus, beim Campen, an einem versteckten Plätzchen in der Natur oder direkt am Seeufer – es bleibt jedem selbst überlassen, wo er seinen **privaten Wellnessbereich** auf Zeit positionieren möchte. Der Kreativität sind nahezu keine Grenzen gesetzt, doch empfiehlt es sich, im Voraus zu prüfen, ob man am gewünschten Ort auch ungestört schwitzen darf. Ebenso wichtig: ein ebener Untergrund und genug Sicherheitsabstand zur Umgebung.

Für mich!
Individuelle skandinavische Saunakultur

Die runde Form der Fasssauna verpasst ihr nicht nur eine urige Optik, sondern hat auch thermische Vorteile: Entlang der gewölbten Wände verteilen sich Luft und Wärme schneller und besser. Dabei entstehen ein gleichmäßiges Raumklima und **Temperaturen bis zu 90 Grad** für den optimalen Saunagenuss. Geheizt wird mit einem Holzofen. So ist man unabhängig von einem Stromanschluss und kann beim Saunagang dem sanften Knistern des lodernden Feuers lauschen. Ein weiterer Pluspunkt: Durch die kompakte runde Bauweise in Kombination mit dem Holzofen lässt sich das Saunafass schnell aufheizen. So steht – sofern für genügend Feuerholz gesorgt ist – auch einem spontanen Saunabesuch nichts im Weg. Abgerundet wird das Erlebnis mit stimmiger, farbiger Beleuchtung, dem passenden Equipment und wohltuenden Düften für die perfekte Aufgusszeremonie.

Saunawagerl, 83373 Taching am See,
Tel. (0 86 87) 2 25 99 81, www.saunawagerl.de

Auszeit in der Wanne

Baderituale aus aller Welt

Badekultur ist Vielfalt pur – und mehr als nur Hygiene. Zeit, wortwörtlich in eine andere Welt einzutauchen, neue Rituale zu entdecken und dabei Momente der Ruhe und Erholung zu genießen.

Indischer Ayurveda

Die wohl ältesten Wellness-Weisheiten kommen aus Indien: Die traditionelle Heilkunst Ayurveda ist vermutlich 5000 Jahre alt. Baden nimmt hier eine wichtige Rolle ein. Bei ayurvedischen Bädern werden ätherische Öle, Milch, Honig, Essig oder Heilkräuter verwendet. Die genauen Zutaten, Temperatur und Badezeit legt die Dosha, die individuelle Konstitution des Badegastes, fest. Vor dem Bad massiert man die Haut mit Sesamöl, damit der Körper Giftstoffe besser ausscheiden kann.

Skandinavische Badekultur

In Nordeuropa ist das gemeinsame Saunieren schon von klein auf fester Bestandteil des Alltags. Allein in Finnland gibt es rund drei Millionen Saunen – bei weniger als sechs Millionen Einwohnern. Neben Schwitzbädern sind auch heiße Kräuterbäder typisch nordisch. Bereits die Germanen und Kelten wussten, wie gut Kräuter wie Eukalyptus, Thymian, Kiefernnadeln oder Fichte für Körper und Gesundheit sind. Auch auf Island mag man es gut warm. Hier prägen die sogenannten heitir pottar – dampfende, durch Vulkane beheizte Hot Pots – seit Jahrhunderten die Badekultur.

Die Kraft des Meeres

An der rauen Atlantikküste der Bretagne hat Thalasso seine Wurzeln. In der bretonischen Badekultur schwört man auf die wohltuende Wirkung des Meerwassers. Nicht ohne Grund: In Meersalz, Algen, Schlick und Sand stecken wertvolle Mineralien, Vitamine und Spurenelemente. Wer sich ein Bad mit diesen Zusätzen gönnt – idealerweise in Kombination mit Sonne und einer frischen Brise Meeresluft – wird mit neuer Energie aufgeladen, fühlt sich erfrischt und darf sich über einen strahlenden Teint freuen.

Fernöstliche Entspannung

In Japan ist Baden ein Ritual, das ausschließlich der Entspannung und Reinigung von Geist und Seele dient. Anders als bei uns, wo Baden primär für die Körperhygiene genutzt wird, ist ein Bad ohne vorherige Reinigung in Japan verpönt. Egal, ob man in Onsen (natürliche heiße Quellen), im Sentō (öffentliches Badehaus) oder im Furo (privates Bad) eintauchen möchte – man wäscht sich vorher sorgfältig. Ein weiterer Unterschied: Japaner lieben es heiß! Ein kurzes Bad bei einer Temperatur zwischen 40 und 50 Grad ist keine Seltenheit.

Orientalische Schönheitspflege

Wer in der Badekultur des Morgenlandes versinken möchte, besucht einen Hamam. Das türkische Bad vereint körperliche und seelische Reinigung mit wohltuender Entspannung und duftender Sinnlichkeit wie aus 1001 Nacht. Neben der Reinigung und Pflege im Dampfbad gehören zum orientalischen Bade-Zeremoniell spezielle Peelings und Massagen, die vom „Tellak", dem Hamam-Meister, durchgeführt werden. Auch Schönheitspflege wie Maniküre, Pediküre, Haarefärben oder Enthaarung findet im Hamam statt. Und während man sich verwöhnen lässt, nutzt man die Zeit, um soziale Kontakte zu pflegen.

GENUSSZEIT IM MOOR

Außergewöhnliches findet sich rund um Grassau: In der Kendlmühlfilzen kann man die bizarre Natur des Moores mit einem bayerischen Picknick genießen.

Südlich des Chiemsees liegt eines der größten Hochmoore Bayerns, die **Kendlmühlfilzen.** Entstanden ist die unvergleichliche Landschaft am Ende der letzten Eiszeit, als ein abschmelzender Gletscher den Chiemsee schuf. Dieser verlandete nach und nach und hinterließ große Moorflächen mit dicken Torfschichten. Jahrhundertelanger Torfabbau zerstörte diese immer weiter, bis die Kendlmühlfilzen schließlich als Lebensraum seltener Tiere und Pflanzen unter Naturschutz gestellt wurde. So kann sich die Natur heute wieder frei entfalten und bietet eine malerische Kulisse für eine wohltuende Pause.

Für mich!
Picknick-Pause inmitten einzigartiger Natur

Egal zu welcher Jahreszeit – die sich stetig wandelnde Landschaft der Kendlmühlfilzen beeindruckt immer wieder aufs Neue. Während im Frühsommer das Wollgras mit seinen weißen Blumenständen die **Moorlandschaft** überzieht, taucht später das blühende Heidekraut die Filzen in ein violettes Blütenmeer. Zwischendrin schmücken seltene Pflanzen wie Sonnentau, Schnabelried, Rosmarinheide, Rauschbeere und Torfmoose das Naturjuwel. Mit etwas Glück entdeckt man tanzende Libellen und seltene Amphibien. Im Herbst leuchtet das Pfeifengras mit seinen roten Farbtönen und an den nebelverhangenen Tagen der kalten Jahreszeit sorgt mystisches Licht für ein besonderes Schauspiel.

Inmitten dieser atemberaubenden Szenerie laden schöne Platzl und Bankerl zu einem **leckeren Picknick** an der frischen Luft ein. Den Korb dafür kann man sich einfach über die Tourist-Info Grassau bestellen – gut gefüllt mit regionalen Schmankerln. Zu Fuß geht es dann durch halbschattigen Kiefern- und Birkenwald. Die schönsten Picknick-Platzerl sind auf einer Karte markiert. So zum Beispiel der **Aussichtsturm am „Ewigkeitsweg“,** wo besonders der Sonnenuntergang mit traumhaftem Blick auf das Hochmoor und die umliegende Bergwelt einmalig ist. Oder wie wäre es mit einem Bankerl tief im Moor, umgeben von wohltuender Stille?

Kendlmühlfilzen, Wanderparkplatz Moosbacher Straße, 83224 Grassau, www.grassau.de/kendlmuehlfilzen-1

8 *Meine Atempause*

MAGISCHE WASSERVÖGEL

Vögel zu beobachten, schärft nicht nur die Sinne, sondern entspannt auch den Geist. Rund um den Chiemsee laden acht Beobachtungstürme dazu ein.

Die stille Seite des Chiemsees zeigt sich besonders in den streng geschützten Uferbereichen: Mehr als **300 Vogelarten** haben hier ihren einzigartigen Lebensraum. An einigen Uferabschnitten laden Naturbeobachtungstürme dazu ein, sich von der spektakulären Tier- und Pflanzenwelt in den Bann ziehen zu lassen.

Egal ob in der Hirschauer Bucht, in Hagenau, Chieming, Seebruck, Gstadt, Rimsting, Bernau oder Übersee – an allen **Beobachtungsstationen** sind großartige Sichtungen möglich. Die Szenerien könnten dabei kaum unterschiedlicher sein. Jeder einzelne Turm lockt mit einer anderen Perspektive auf den See. Und natürlich haben auch die verschiedenen Jahreszeiten ihren Reiz. Die meisten Exemplare entdeckt man wohl im **ruhigen Winter.** Dann sollen rund 20.000 Zugvögel hier Rast machen.

Für mich!
Besondere Begegnung zwischen Mensch und Natur

Ein besonders eindrucksvoller Chiemsee-Bewohner hält sich gern im Achen-Delta, dem Mündungsgebiet der Tiroler Ache, auf. An den Beobachtungstürmen Hirschauer Bucht und Lachsgang stehen die Chancen, einen **Seeadler** zu entdecken, daher besonders gut. Vor allem in den frühen Morgenstunden ist der mächtige Greifvogel mit seinen zweieinhalb Metern Spannweite unterwegs. Der Irschener Winkel hingegen zählt zu den bedeutendsten Brut-, Rast- und Mausergebieten für Vögel am Chiemsee. Und vom Turm am Ganszipfel genießt man den wohl schönsten Blick auf die Chiemseeinseln mit den mächtigen Chiemgauer Alpen im Hintergrund.

Um die interessantesten Exemplare wie den farbenprächtigen Eisvogel zu erspähen, braucht es keine eigene Ausrüstung. Jede Station ist mit einem hochwertigen Fernrohr ausgestattet, das für Durchblick sorgt – ganz ohne Münzeinwurf! Beim Bestimmen der Vögel helfen die Informationstafeln vor Ort weiter. Wer noch mehr über die Wasservögel am Chiemsee erfahren möchte, nimmt an einer **Vogelführung** teil. Diese finden ganzjährig rund um den See statt, sind kostenlos und ohne Voranmeldung.

Natur.Erlebnis.Chiemsee, www.chiemseeagenda.de

DIE KRAFT DER KÄLTE

Eine Eiszeit in Bergen sorgt mit der wohl coolsten Wellnessbehandlung im Chiemgau in nur wenigen Minuten für neue Energie und Wohlbefinden.

Die Kryotherapie, eine **Kältetherapie** in einer elektrischen Kältekammer bei mindestens –85 Grad Celsius, verspricht Energie, Regeneration und Heilung in einem. Der abrupte Temperaturunterschied regt verschiedene Prozesse im Körper an und wirkt positiv auf Durchblutung, Stoffwechsel, Hormon- und **Immunsystem.** Wurde die Therapie ursprünglich für medizinische Behandlungen entwickelt, weiß man heute, dass sie nahezu jeden Menschen positiv beeinflussen kann. Sportler nutzen beispielsweise die leistungssteigernden und regenerierenden Kräfte der extremen Kälte.

Eine Auszeit am wohl kältesten Ort im Chiemgau sorgt für nachhaltige Entspannung. Ein Besuch der Eiszeit kann das Stresslevel reduzieren, die Stimmung verbessern und neue Lebensgeister wecken. Willkommener Nebeneffekt: Der **Kältereiz** wirkt sich positiv auf Bindegewebe, Falten, Problemhaut, Cellulite und Fettstoffwechsel aus. Die Kältekammer ist sozusagen ein **Rundum-Wellness-Paket** mit wohltuendem Anti-Aging-Effekt für Körper und Geist.

Für mich!
Frischer Energiekick dank Kältetherapie

Vor der ersten „Eiszeit" erfolgen eine ausführliche Anamnese und eine kurze Einweisung. Dann kann es losgehen. Die Kältekammer wird mit Badebekleidung oder in Unterwäsche, Socken und geschlossenen Schuhen sowie Handschuhen, Stirnband und Mundschutz betreten. Je mehr freie Hautfläche, desto intensiver die Wirkung – dennoch sind alle empfindlichen Körperstellen ausreichend geschützt. Anfangs hält man sich 2 bis 3 Minuten in der Kältekammer auf – perfekt also für zwischendurch. Wer möchte, lauscht dabei seinem aktuellen Lieblingssong. Ein Lichtstreifen an der Tür zeigt die verbleibende Zeit an, bei Unwohlsein kann die Kammer aber jederzeit verlassen werden. Die Anwendung wird zudem von fachkundigem Personal überwacht.
Und auch bei der Kryosauna gilt: Gemeinsam macht es mehr Spaß! Daher bietet die Kältekammer in Bergen Platz für zwei Personen – für einen entspannten und erfrischten Alltag!

Eiszeit Cryo, Bahnhofstraße 172, 83346 Bergen,
Tel. (0 86 62) 2 08 08 63, www.eiszeit-cryo.de

EISZEIT

FITTE FÜSSE

Nicht nur ein kleines Becken, sondern gleich ein ganzer Bach lädt im Luftkurort Unterwössen zum Wassertreten ein – Wellness für die Füße und die Sinne.

Schuhe und Socken aus und schon geht es los! Am kleinen Kurpark in Unterwössen direkt gegenüber vom Rathaus schaffen der **Wössner Bach** und ein Barfußpfad ein Erlebnis für die Sinne. Gesunde Füße, ein entspannter Körper und die ein oder andere Gaudi gibt es obendrauf!

Rekordverdächtig: Mit einer Länge von mehreren hundert Metern gilt der Wössner Bach als längste **Kneippanlage** Deutschlands. Vom kleinen Kurpark aus führt eine Treppe hinunter ins Bachbett der Wössener Ache, deren Sohle mit Holzbohlen ausgelegt ist. So kann man sich ohne viele drückende Steine bei einem **Wasserspaziergang** im kalten Bach herrlich erfrischen und die Sinne schärfen. Wer ordentlich kneippen möchte, sollte dabei auf die richtige Technik achten und im Storchenschritt durchs Wasser waten. Rund 15 bis 25 Zentimeter Tiefe misst das Wasser im Kneippbach, der links und rechts von blühenden Wiesenflächen eingefasst ist. Für noch mehr Genuss sorgt der Blick auf die umliegenden Berge, die zwischen den Hausdächern und Baumwipfeln hervorblitzen.

Für mich!
Wellnesserfahrung für Füße und Sinne

Vor oder nach der Bachwanderung können am **Barfußpfad** im kleinen Kurpark auf verschiedenen natürlichen Untergründen die Fußreflexzonen aktiviert werden. Barfuß gehen ist nicht nur ein stimulierendes Training für die Füße, sondern pure Wellness. Das Laufen ohne Schuhe und Socken in freier Natur hat viele positive Effekte auf die Gesundheit unserer Füße und ist zugleich eine wunderbare **natürliche Massage** – auch wenn es beim ersten Mal wahrscheinlich ordentlich kitzelt. Die verschiedenen Bodenbeläge wie Kiesel, Sand, Mulch oder Gras trainieren die Fußmuskulatur und fördern motorische Fertigkeiten, die Sinneswahrnehmung sowie das Koordinationsvermögen.

Mit angenehm prickelnden Fußsohlen kann man dem Erlebnis auf einer der Bänke im Kurpark abschließend noch etwas nachspüren und entspannen, ehe man guten Fußes seines weiteren Weges geht.

Wössner Bach, Barfußpfad im kleinen Kurpark,
83246 Unterwössen, www.achental.com

Kneipp: die Natur als Apotheke

Entspannung Schritt für Schritt

DIE VITALISIERENDE KRAFT DES WASSERS

Wasseranwendungen gehören zu den klassischen Naturheilverfahren nach Sebastian Kneipp. Der Pfarrer entwickelte Mitte des 19. Jahrhunderts die nach ihm benannte Kneipp-Therapie, die auf fünf Säulen basiert: Wasser, Pflanzen, Bewegung, Ernährung und Balance. Eine Wasserkur in einer Kneipp-Anlage belebt nicht nur Körper und Geist, sondern fördert auch die Gesundheit. Kein Wunder, dass das Kneippen seit 2015 sogar zum immateriellen UNESCO-Welterbe zählt.

Erfrischend am Tag, beruhigend am Abend

So einfach, so wirkungsvoll: Wassertreten nach Kneipp regt den Kreislauf sowie den Stoffwechsel an, verbessert die Durchblutung, kräftigt die Venen, stärkt das Immunsystem, macht widerstandsfähiger gegen Stress und wirkt sich positiv auf die Psyche aus. Es hilft bei Kopfschmerzen, Migräne, Krampfadern und Bluthochdruck. Bei regelmäßiger Durchführung gehören dank der besseren Durchblutung auch kalte Hände und Füße rasch der Vergangenheit an.

Wassertreten: die richtige Technik

Kneippen kann im Prinzip jeder, jedoch gilt es ein paar Dinge zu beachten: Bevor man ins kalte Wasser geht, sollte man unbedingt warm sein, um nicht zu frieren und eine Erkältung zu vermeiden. Mit ein paar Bewegungen lässt sich der Körper schnell und einfach aufwärmen. Die optimale Wassertemperatur zum Kneippen liegt zwischen 8 und 12 Grad. Das kalte Wasser sorgt für den richtigen Durchblutungseffekt.

Gestartet wird bei allen Kneippübungen immer herzfern, um den Körper nicht zu „erschrecken". Beim Wassertreten fängt man also mit dem rechten Bein an und nutzt die sogenannte Storchenschritt-Technik. Mit der Fußspitze voran geht es ins kalte Wasser. Am Boden wird der Fuß vollständig abgerollt, ehe das Bein wieder komplett aus dem Wasser genommen wird. Durch die Luft am nassen Bein wird der Reiz verstärkt und so die Durchblutung erhöht. Auf diese Weise werden die Beine abwechselnd eingetaucht. Wie lange man kneippt, hängt ganz vom persönlichen Empfinden ab. Wer jedoch anfängt zu frieren, sollte schnellstmöglich aus dem Wasser. Nach dem Wassertreten werden die nassen Beine nur mit den Händen abgestreift, nicht abgetrocknet! Die Verdunstungskälte des Wasserfilms auf der Haut intensiviert die Durchblutung nochmals. Nach dem Kneippen sollte der Körper schnell wieder warm werden. Einfach etwas auf der Stelle treten oder kuschelige Strümpfe anziehen. Zurück bleibt ein wohlig warmes und erfrischtes Gefühl, das Lust auf mehr macht. Jedoch sollte man nicht übertreiben und dem Körper zwischen einzelnen Kneippanwendungen mindestens 2 Stunden Ruhe gönnen. Zudem darf bei akuten Blasen- und Nierenerkrankungen keine Kneipp'sche Wasserkur angewendet werden.

Kneippen in den eigenen vier Wänden

Zum Wassertreten braucht es nicht unbedingt eine Kneipp-Anlage – es lässt sich auch ganz wunderbar zu Hause kneippen. Dazu einfach einen Eimer, eine Schüssel oder die Badewanne bis zur Hälfte der eigenen Wade mit kaltem Wasser füllen und lostreten.

VERWÖHNPROGRAMM FÜR DIE HAUT

In ihrem Kosmetikstudio hautsache in Bad Endorf kümmert sich Katharina mit Expertise und Feingefühl darum, dass man sich in seiner Haut rundum wohlfühlt.

Sich Zeit nehmen, dem Körper Aufmerksamkeit schenken und der Seele eine kleine Pause vom Alltag gönnen – darum geht es bei einem Besuch im **Kosmetikstudio hautsache.** Schon beim Betreten des hellen Studios, das mit viel Liebe zum Detail eingerichtet ist, fühlt man sich willkommen und bestens aufgehoben. Inhaberin Katharina schafft mit ihrer fachlichen Kompetenz und ihrer herzlichen, offenen Art eine entspannte Atmosphäre, in der man leicht zur Ruhe kommen kann.

Im Fokus des Kosmetikstudios hautsache steht, wie der Name schon verrät, die Haut. Denn besonders auf dem größten Organ des menschlichen Körpers hinterlässt der Alltag seine Spuren. Beim ersten Besuch nimmt sich die Kosmetikerin daher besonders viel Zeit und analysiert die Haut mit Hilfe modernster Technik. Mit diesem Wissen über die Bedürfnisse der eigenen Haut und einem persönlichen Leitfaden wird der Grundstein für ein positives **Hautgefühl** gelegt. Die perfekt auf den Hauttyp abgestimmte Pflege genießt man anschließend bei einer wohltuenden **Gesichtsbehandlung,** die mit Reinigung, Peeling und Pflegemaske oder Serum für eine frische Ausstrahlung sorgt. Wer möchte, wählt die De-luxe-Behandlung mit Ultraschall oder Mikrodermabrasion. Strahlende Augenblicke sind das Ergebnis einer entstauenden Lymphmassage, während ein Wimpern- oder Augenbrauenlifting neuen Schwung verleihen. Im Vordergrund steht dabei immer, dem Körper etwas Gutes zu tun und die natürliche Schönheit zu unterstreichen. Mit neuer **Strahlkraft** und reinem **Wohlbefinden** sorgt der nächste Blick in den Spiegel so für pure Glücksgefühle.

Für mich!
Wohltuendes Verwöhnprogramm für die Haut

Nach der Behandlung kann man tiefenentspannt in den Regalen nach einem schönen Geschenkartikel, beispielsweise aus dem Eulenschnitt-Sortiment, stöbern oder sich das passende Pflegeprodukt für zu Hause mitnehmen. Oder direkt die nächste Ruhepause bei Katharina buchen.

hautsache by katharina, Handwerkerpark 8, 83093 Bad Endorf,
Tel. (01 51) 50 63 82 72, www.hautsache-katharina.de

DER GESCHMACK DES MEERES

Das Fischrestaurant der Fischerei Minholz liegt nur einen Steinwurf vom Chiemsee entfernt. Seit Generationen gibt es hier Fangfrisches von bester Qualität.

Für die Fischer der **Fischerei Minholz** beginnt der Tag bereits um 5:30 Uhr. Sie gehören zu den 16 Berufsfischern am Chiemsee, die noch jeden Morgen in ihre Gummistiefel schlüpfen, in See stechen und das traditionelle Fischereihandwerk am Chiemsee lebendig halten. In den Netzen landen vor allem Renke, Brachse, Aal, Seesaibling, Seeforelle, Barsch, Hecht und Zander – die Hauptfischarten des **Bayerischen Meeres.** Dank der hervorragenden Wasserqualität wachsen die Fische und Krebse stressfrei in einem natürlichen Lebensraum heran und zeichnen sich durch einen einzigartigen Geschmack aus.

Für mich!
Köstliches direkt aus dem Bayerischen Meer

Wenige Stunden später landet der frische Fang wunderbar angerichtet auf den Tellern des **fischereieigenen Restaurants.** Hier kann man im stilvollen Wintergarten Platz nehmen, der mit großen Glasfronten, Holz und vom Wasser geformten Steinen das maritime Flair des Sees widerspiegelt. Im Sommer lockt der Biergarten. Die Fische werden als Trilogie vom heimischen Fisch mit Petersilienwurzelpüree, Rote-Beete-Ragout und Knoblauch-Kräuter-Sößchen oder als in Butter gebratene Bachforellenfilets an hausgemachtem Zitronen-Velouté mit Petersilienkartoffeln und Grillgemüse auf höchstem Niveau zubereitet. Dabei verwandelt das Küchenteam mannigfaltige Aromen mit viel Liebe in kulinarische Leckerbissen! Je nach Fang und Jahreszeit ändert sich dabei die Speisekarte, denn nur so kann absolute Frische und beste Qualität für eine genussvolle Einkehr am See garantiert werden.

Auch daheim muss man nicht auf Fischgenuss verzichten: Im **Fischladen** können neben dem hauseigenen Wildfang und regionalen Fischen auch Spezialitäten aus Fluss und Meer in erstklassiger Qualität erworben werden, Tipps für die perfekte Zubereitung inklusive. Probieren sollte man unbedingt die Spezialitäten des Hauses: auf Buchenholz geräucherte Fische, Renke nach „Matjesart" oder gebeizten Graved Lachs.

Restaurant Fischerei Minholz, Birkenallee 48, 83233 Bernau am Chiemsee, Tel. (0 80 51) 6 01 90 59, www.fischerei-minholz.de

NOSTALGIE PUR

Eintauchen in ein Stück Kinogeschichte – das kann man in Marias Kino in Bad Endorf. Das kleine Programmkino begeistert seit 1953 abseits des Mainstreams.

Mit der Eröffnung prächtiger Lichtspiel-Theater begann in den Goldenen Zwanzigern die große Ära des Kinos und auch die Geschichte von **Marias Kino** nahm ihren Lauf. Denn Gründerin Maria Stadler war schon als kleines Mädchen vom neuen Medium begeistert. Im Dezember 1945 ging für die junge Frau schließlich ein Traum in Erfüllung: Als eine der Ersten erhielt sie von der amerikanischen Besatzungsmacht die Lizenz zum Betrieb eines Lichtspielhauses in Bad Endorf. Wenige Jahre später – 1953 – konnte Maria ihr eigenes festes Kino einweihen, das bis heute in seiner ursprünglichen Form besteht. Natürlich wurde hier und da behutsam renoviert und auch die Technik ist auf dem neuesten Stand, doch seinen Charme der **Fünfzigerjahre** versprüht Marias Kino wie eh und je.

Für mich!
Zeitreise für Cineasten und Kulturliebhaber

Seit ihrem Tod 1994 wird Marias Kino von einem tollen Team aus engagierten ehrenamtlichen Helfern geführt. Gezeigt wird im nostalgischen Filmkunstkino eine gelungene Auswahl an wertvollen Filmen abseits des Massenkinos. Damit hat sich das kleine **Programmkino** auch überregional einen Namen gemacht. Für seine besondere Filmauswahl wird Marias Kino regelmäßig mit Preisen ausgezeichnet. Über die Leinwand des Kultkinos flimmern aber nicht nur **ausgewählte Filme:** Auch Konzerte oder Live-Übertragungen aus der Royal Opera in London finden im einzigartigen Ambiente des Lichtspieltheaters statt.

Egal ob passionierter Opernliebhaber, ausgewiesener Filmkenner oder hoffnungsloser Romantiker: Marias Kino in Bad Endorf verspricht einen Besuch voller Retro-Charme, Filmgenuss und Popcorn-Duft, den man so schnell nicht vergisst. Denn Kino ist viel mehr, als einen Film auf großer Leinwand zu sehen – Kino ist ein Erlebnis! Und mit etwas Glück ergattert man sogar die bequemsten Sitzplätze auf der wunderschönen roten Couch in der ersten Reihe. Film ab!

Marias Kino, Eisenbartlinger Weg 4, 83093 Bad Endorf,
Tel. (0 80 53) 93 18, www.marias-kino.de

marias kino
JAVIER BARDEM
MONSIEUR CLAUDE
UND SEIN GROSSES FEST

KLEINOD AM WASSER

Die Traunbar in Traunstein ist ein Ort, an dem man es sich in entspannter Atmosphäre gemeinsam mit Freunden und Familie gut gehen lassen kann.

Nicht nur am Chiemseeufer, sondern auch an der Traun kommt **Strandfeeling** auf, denn immer wenn an den Wochenenden oder Feiertagen schönes Wetter ist, lockt die **Traunbar** zu einer unbeschwerten Auszeit. Die Open-Air-Bar am Ende des Triftwegs – dort, wo der Weg langsam aus der Stadt hinaus in die grüne Natur führt – ist ein Ort, an dem Leute zusammenkommen, um gemeinsam den Tag ausklingen zu lassen. Ein Ort mit leckeren Drinks und ruhiger Musik, an dem jeder willkommen ist.
Bequeme Liegestühle, Palettenmöbel mit Polstern, Sonnenschirme und einen zur Theke umgebauten Verkaufswagen – mehr braucht es nicht für die **kleine Beachbar** am ruhigen Ufer des Mühlbachs, der wenige Meter weiter in die Traun mündet. Alles ist recht einfach gehalten und gerade das ist es, was den besonderen Charme der Bar unter freiem Himmel ausmacht. Genauso wie die kleinen **Konzerte lokaler Künstler** und die spontanen Auftritte von Gästen, die ihre Instrumente mitbringen. Alles ohne Verstärker, um die Nachbarn nicht zu stören, dafür aber mit umso mehr Flair.
An lauen Sommerabenden sorgen Lichterketten, **Lagerfeuer** und Fackeln für die perfekte Atmosphäre. Der Grill wird angeworfen und es gibt Stockbrot zum Selbergrillen. Dazu ein kühles Bier der nur einen Steinwurf entfernten Wochinger Bräu, eine erfrischende Weinschorle oder eine selbst gemachte Ingwerlimonade – und das locker-entspannte Lebensgefühl lässt sich so richtig auskosten. Im Winter macht man es sich an der Traunbar an verschiedenen Feuerstellen mit heißen Getränken und einer leckeren Bosna gemütlich. Das schafft nicht nur Wärme in der kalten Jahreszeit, sondern auch ein stimmungsvolles Ambiente.
Die Öffnungszeiten der Traunbar sind wetterabhängig und werden jede Woche neu über Social Media kommuniziert. Als Faustregel gilt: An Wochenenden und feiertags, immer wenn die Sonne scheint! Dann kann man in der Traunbar bis 22 Uhr den Tag gemütlich beschließen.

Für mich!
Locker-lässiger Treffpunkt am Ufer der Traun

Traunbar, Traundamm, 83278 Traunstein,
Tel. (01 74) 6 32 83 83, www.traunbar.de

Wochinger Bräu
Wochinger-Bräu

15 *Meine Atempause*

NATURSCHÄTZE ENTDECKEN

Die Tiroler Ache, einer der letzten Wildflüsse der Alpen, ist eine Schatzkammer der Natur. Auf ihren Kiesbänken taucht man in diesen Lebensraum ein.

Für mich!
Achtsam durch eine einmalige Flusslandschaft

Die Natur hat eine faszinierende Wirkung auf den Menschen. Besonders beruhigend auf Körper und Geist wirken grüne Landschaften mit Gewässern – so wie das Tal der **Tiroler Ache.** Der größte Zufluss des Chiemsees hat seinen Ursprung in den Kitzbüheler Alpen. Durch die eindrucksvolle **Entenlochklamm** bahnt sich das wilde Wasser seinen Weg nach Deutschland und mündet, umgeben von Kiesbänken, Feuchtwiesen und Auwäldern, ins Bayerische Meer.
Die Ache prägt dabei nicht nur den Namen, sondern auch die Landschaft des Achentals auf einmalige Art und Weise. Wer seine Sinne schärfen und den Lebensraum des **naturbelassenen Gebirgsflusses** näher erkunden möchte, entdeckt nicht nur seltene Tier- und Pflanzenarten. Besonders die feinen, hell leuchtenden **Kiesbänke** entlang des Flusses – zum Beispiel zwischen Unterwössen und Schleching – laden zu einem Streifzug ein.
Begleitet vom meditativen Rauschen des Flusses lohnt es sich, in den Augenblick einzutauchen und die eigene Wahrnehmung für das **Schauspiel der Natur** zu schärfen. Das klare Wasser schimmert in den unterschiedlichsten Blau- und Grüntönen, Vögel wie die Wasseramsel zwitschern fröhlich, der Wind raschelt in den herabhängenden Blättern.
Dem aufmerksamen Beobachter entgeht nicht, dass die Natur entlang der Ache einem steten Wandel unterliegt. Der Fluss, der vom sanft fließenden Strom bis zum reißenden Alpenfluss viele Gesichter zeigt, führt reichlich Kies und Schotter mit sich. Deshalb verlandet das Mündungsdelta nach und nach und schafft neue Lebensräume. Äste treiben auf der Oberfläche, drehen sich in Wasserwirbeln, türmen sich an Flussbiegungen oder Kiesbänken auf. Inseln entstehen, um schon bald darauf wieder zu verschwinden. Die Schönheit und Kraft der Natur zeigt sich im Kleinen. Es lohnt sich, den Blick darauf zu lenken.

Tiroler Ache, 83246 Unterwössen,
www.achental.com

MIT KNEIPP UNTERWEGS

Auf dem Kneipp-Wanderweg rund um das Achentaler Bilderbuchdorf Schleching dreht sich alles ums Wasser: gerade an heißen Tagen eine willkommene Erfrischung.

Eingebettet in die malerische Bergwelt der Chiemgauer Alpen liegt das Bergsteigerdorf Schleching. Umgeben von saftig grünen Wiesen, kühlen Bergwäldern und eindrucksvollen Gipfeln lockt hier im Sommer der **Kneipp-Rundweg** mit Abkühlung.

Die rund 3,5 Kilometer lange leichte Tour beginnt und endet an der Tourist-Information am Dorfplatz. Wer warme Arme und Hände hat, kann sich am **Armbadebrunnen** direkt am Anfang des Rundwegs einen sogenannten Kneipp'schen Espresso gönnen, denn das kalte Armbad ist ein natürlicher Wachmacher. Nach dem gesunden Energieschub geht es dann richtig los. Dem Symbol des „Kneippinger" folgend, wandert man zunächst in Richtung Ettenhausen und schon bald erscheint die nächste Station: ein **Wassertretbecken.** Nachdem die Füße durch die ersten Meter schon etwas warmgelaufen sind, kommt diese Erfrischung gerade recht.

Für mich!
Die belebende Kraft des Wassers spüren

Weiter geht es zum Fuß des Spitzbergs. Dort wechseln die Wanderer vom Weg in ein **Bachbett.** Die sanft geschliffenen Steine regen die Fußreflexzonen an, während das frische Wasser für eine erneute Abkühlung sorgt. Wer möchte, geht direkt barfuß weiter und genießt das Gefühl des weichen Waldbodens unter den Füßen, ehe man bald darauf schon die letzte Station des Kneipp-Rundwegs erreicht: ein **Fußtauchbad.** Ein letztes Mal kann man hier im Storchenschritt durchs Wasser waten, ehe es zurück zum Dorfplatz geht.

Zu den Höhepunkten des Rundweges zählt neben den Kneipp'schen Anwendungen der atemberaubende Blick auf Schleching, den 1748 Meter hohen Hochgern sowie die Gscheuerwand, den man gegen Ende der Tour genießen kann. Nach etwa eineinhalb bis zwei Stunden – je nachdem, wie lange man an den einzelnen Stationen verweilt – kommt man im besten Fall voller neuer Energie wieder am Ausgangspunkt des Rundwegs an.

Tipp: Bequeme Schuhe tragen, die sich schnell und einfach an- und ausziehen lassen. Dann steht einer tollen Kneipp-Wanderung nichts im Weg!

Tourist-Information Schleching, Schulstraße 4, 83259 Schleching, Tel. (0 86 41) 59 79 10, www.achental.com

17 *Meine Atempause*

SÜSSE VERFÜHRUNG

Die Windbeutelgräfin im denkmalgeschützten Mühlbauernhof ist eine echte Institution im Chiemgau. Ihre patentierten Köstlichkeiten haben Tradition.

Lüftlmalerei, aufwändig bemalte Fenster und ein Türbogen aus Marmor – schon von außen ist der Mühlbauernhof etwas Besonderes. Wer das **traditionsreiche Bauernhaus** betritt, taucht in eine andere Welt ein. Jeder der acht mal kleineren, mal größeren Gasträume trägt ein spezielles Thema und nimmt die Besucher mit auf eine Zeitreise: von der Ruhpoldinger Bauernstube über das Maria-Theresia-Zimmer und das kaiserliche Marinezimmer bis hin zum Kannenzimmer, das mit rund 400 hübschen Kännchen dekoriert ist. Fast wie im Museum gibt es ein buntes Sammelsurium zu entdecken.

Für mich!
Windbeutel-Kreationen in charmantem Ambiente

Das Highlight des Cafés sind jedoch die rund 13 Zentimeter hohen **Lohengrin-Windbeutel.** Wie es dazu kam? In der kargen Nachkriegszeit übernahm Richardis von Somnitz den Hof und eröffnete ein Kaffeehaus. Als sie das geschenkte Rezept eines Gastes ausprobierte, nahm die unerfahrene Küchenchefin zu viel Teig und es entstand ein riesengroßer Windbeutel. So wurde sie zur **Windbeutelgräfin** und das Brandteig-Gebäck zum Aushängeschild.

Heute gibt es ganze **13 süße Variationen** des köstlichen Gaumenschmauses – Erdbeeren, Sauerkirschen oder Wildheidelbeeren werden mit Vanilleeis, verschiedenen Likören und dem obligatorischen Schlagrahm zu kleinen Kunstwerken komponiert. Sogar für Diabetiker und laktoseintolerante Windbeutelliebhaber gibt es verlockende Leckereien. Wer es lieber herzhaft mag, wählt eine der neuesten Kreationen: den Windbeutel mit Räucherlachs.

Die Gebäcke werden jeden Tag von Hand frisch zubereitet. Erst mit dem berühmten Schwanenhals wird aus einem Windbeutel ein echter Lohengrin-Windbeutel. Das Markenzeichen ist eine Hommage an den bayerischen **Märchenkönig Ludwig II.,** der ein großer Fan der Wagner-Oper Lohengrin war. Inzwischen haben mehr als 3 Millionen Stück bereits für genussvolle Momente gesorgt!

Windbeutelgräfin, Brander Straße 23, 83324 Ruhpolding,
Tel. (0 86 63) 16 85, www.windbeutelgraefin.de

4
Lohengrin-Windbeutel
№ 30

18 Meine Atempause

WERTVOLLER WALD

„Die Waldapotheke“ in Sachrang verrät auf einem Lehrpfad, welche heimischen Bäume und Pflanzen in unserem Medizinschrank einen Platz verdient haben.

Wer sich mit dem Wald und seiner Flora auskennt, kann die wunderbarsten Haus- und Heilmittel für Körper und Seele selbst herstellen, denn wie heißt es schon im Sprichwort: „Gegen alles ist ein Kraut gewachsen.“ Einen Einblick in die wohltuende Wirkung von Blumen und Pflanzen bietet der Themenweg **„Die Waldapotheke“** im Bergsteigerdorf Sachrang. Entlang des rund 3,5 Kilometer langen Lehrpfads im Priental taucht man in die **heimische Natur** ein und erfährt Wissenswertes über die botanischen Erkennungszeichen heimischer Gewächse sowie ihre Verwendung in der Natur- und Volksheilkunde. Denn in der würzigen Waldluft und auch in den Blättern, Blüten, Rinden, Samen und Wurzeln der Bäume und Pflanzen stecken wertvolle Inhaltsstoffe.

Das Wissen um die heilenden Kräfte von Bäumen, Sträuchern und Kräutern ist tief in unserer Kulturgeschichte verankert. Von jeher haben wir Menschen ein besonderes Verhältnis zu Bäumen, bedeutete der Wald für unsere Vorfahren doch Schutz, Nahrung, Lebensraum und Medizin zugleich. Bei einem Streifzug durch die Natur spürt man diese tiefe Verbundenheit und entdeckt mit offenen Augen eine Vielzahl an **Heilmitteln,** die das Wohlbefinden steigern und kleine Blessuren heilen können. Und das Beste: Die grüne Waldapotheke versorgt uns das ganze Jahr über mit wertvollen Zutaten.

Für mich!
Waldspaziergang mit nützlichem Heilwissen

Etwa 35 verschiedene Gewächse werden näher beschrieben. Der einfache **Rundweg** mit zwei kleineren Anstiegen beginnt und endet an der Alten Schule in Sachrang. Zwei Varianten ermöglichen es, den Weg um ein Stück zu verlängern oder abzukürzen. Man kann, muss aber nicht auf eigene Faust losziehen. Wer tiefer in die Waldapotheke eintauchen möchte, sollte an einer Führung teilnehmen und dabei die einzigartige **Kraft des Waldes** kennenlernen. So greift man bei kleinen Wehwehchen zukünftig vielleicht nicht direkt in den Medizinschrank, sondern erst einmal zur natürlichen Waldapotheke.

Sachranger Baumlehrpfad, Müllner-Peter-Weg 3,
83229 Sachrang, www.aschau.de

APFEL

Mit allen Sinnen

Beim Waldbaden in die Natur eintauchen

„SHINRIN-YOKU" – „BADEN IM WALD"

Waldbaden ist eine Naturheilmethode aus Japan, die auf die Heilkraft der Bäume setzt. Das japanische „Shinrin-Yoku" bedeutet, achtsam mit allen Sinnen in die Stille und Unberührtheit des Waldes einzutauchen. Ein Waldbad hilft uns dabei, zu entschleunigen, neue Lebensfreude zu schöpfen und unsere Energiereserven aufzufüllen. Dabei wirkt der Wald für unser Gehirn wie ein Beruhigungsmittel, das uns hilft, Stress abzubauen und unsere Stimmung aufzuhellen. Deutschland zählt mit rund 11,4 Millionen Hektar Waldfläche zu den waldreichsten Ländern Mitteleuropas – hierzulande gibt es also mehr als genug Möglichkeiten für einen Streifzug durch die Natur.

Der Wald als Gesundheitsvorsorge

Ein Aufenthalt im Wald hat viele positive Auswirkungen auf unsere Gesundheit. Grund dafür sind vor allem die sogenannten Terpene. Das sind Botenstoffe, die Bäume und Pflanzen an ihre Umwelt abgeben, um mit ihr zu kommunizieren. Von uns Menschen werden diese Waldaromen über die

Atmung und die Haut aufgenommen. Auch wenn man das ganze Jahr über Waldbaden kann, so ist die Konzentration der Terpene in den Sommermonaten sowie bei Nebel und Regen am höchsten. Terpene wirken sich positiv auf den ganzen Menschen aus – insbesondere auf das Nervensystem, die Psyche und das Immunsystem. In Kombination mit Bewegung, Meditation oder Achtsamkeitsübungen wirkt ein Waldbad wie ein Booster für unsere Gesundheit. Wer regelmäßig im Wald entspannt, profitiert von einem gestärkten Immunsystem und kann mithilfe der Kraft des Waldes sogar seinen Blutdruck senken.

Unbeschwert eintauchen

Für den Anfang genügt schon ein einfacher Waldspaziergang, um Körper und Geist etwas Gutes zu tun. Wer die Heilkräfte des Waldes voll ausschöpfen möchte, sollte sich achtsam auf die Natur einlassen, den Wald bewusst wahrnehmen und mit allen Sinnen in ihn eintauchen. Der erdige, würzige Duft des Waldes, die Sonnenstrahlen auf dem bemoosten Boden, die Blätter, die im Wind tanzen, das Klopfen eines Spechts – mit einer geschärften Wahrnehmung lassen sich viele Details, Gerüche, Farben, Klänge und sogar Geschmäcker des Waldes erleben. Das Tempo bestimmt dabei jeder für sich selbst. Auch wie man den Wald entdeckt, ist individuell. Ob man einen Waldpfad entlangschlendert, auf Baumstämmen balanciert, sich auf einer Bank niederlässt und die Szenerie auf sich wirken lässt oder an einem schönen Platz im Wald eine Yoga-Übung oder eine kleine Meditation macht – das alles bleibt jedem selbst überlassen. Wichtig ist, sich auf das Hier und Jetzt zu fokussieren, vom Alltag abzuschalten und zur Ruhe zu kommen. Dabei hilft auch eine konzentrierte Atmung. Mit ein wenig Übung kann man so schneller entspannen und mit einer bewussten Atemtechnik das Atemvolumen steigern. Ablenkungen (wie das Handy) sollten ausgeschaltet werden.

TRAUMHAFTER SEERUNDGANG

Am Seeoner See lädt die kleine Klostersee-Runde zu einem Spaziergang vor einer einzigartigen Kulisse aus historischen Bauten und ursprünglicher Natur.

Die kleine **Klostersee-Runde** in Seeon bietet alles, was ein erholsamer Spaziergang braucht: Ruhe, Natur und Orte zum Verweilen. Vorbei am Kloster Seeon mit der Klosterkirche St. Lambert führt die Runde zunächst über einen romantischen Holzsteg. Im Schilf raschelt der Wind, Seerosen schmücken das klare Wasser, darunter tummeln sich Fische. Am Ende des Stegs wartet die kleine Kirche St. Maria zu Bräuhausen. Rechts der Weinbergstraße folgend geht es kurz darauf links in den Waltenbergweg. An der Feldstraße angekommen, schweift der Blick über das malerische Kloster bis zu den Chiemgauer Alpen am Horizont.

Für mich!
Spaziergang vor geschichtsträchtiger Kulisse

Das ehemalige **Benediktinerkloster** am Ostufer des Seeoner Sees ist eine Insel der Ruhe. Im Jahr 994 gegründet und größtenteils im 11. und 12. Jahrhundert erbaut, hat sich das Kloster im Laufe der Zeit zu einem wahren Schmuckstück entwickelt. Auf einer rund 2 Hektar großen Halbinsel im friedvollen Klostersee gelegen, gibt es mit seinen markanten Zwiebeltürmen ein hübsches Bild ab. Bis zur Säkularisation 1803 war das Kloster ein **Zentrum des kulturellen Lebens** in der Region. In dieser benediktinischen Tradition wird es seit 1993 als Kultur- und Bildungszentrum genutzt.

Durch den kühlen Wald spaziert man, begleitet vom Zwitschern der Vögel, weiter über die Seeleitenstraße sowie die Weinbergstraße zurück zum Klostersee. Er ist der größte und bekannteste der Seeoner Seen. Seit fast 40 Jahren steht das Seengebiet unter Naturschutz. Kurz darauf säumt die **Mozarteiche** den Weg. Die wunderschön gewachsene Stieleiche thront unweit des Ufers und ist von Ruhebänken umgeben. Seinerzeit ließen sich berühmte Komponisten hier inspirieren und auch heute noch spendet der wunderbare Ort neue Kraft. Bevor man nach knapp 3 Kilometern wieder am Ausgangspunkt ankommt, lohnt die **Walburgiskapelle** einen Besuch. Das liebevoll restaurierte Kleinod wurde etwa 1000 nach Christus errichtet und ist ein herrlicher Raum zum Durchatmen.

Tourist-Info Seeon-Seebruck, 83376 Seeon-Seebruck
Tel. (0 86 67) 71 39, www.seeon-seebruck.de

20 Meine Atempause

TOSENDES WASSER

An der Schoßrinn im Priental stürzen die Wassermassen mit einem lauten Rauschen fast 100 Meter in die Tiefe und formen ein einzigartiges Naturschauspiel.

Am Ende eines kleines Weges, umgeben von hohen Bäumen, fällt er wie ein weißer Vorhang den schroffen Felsen herunter und zieht alle Blicke auf sich: der **Schoßrinn-Wasserfall.** Wer hierhinkommt, kann sich auf ein Erlebnis für alle Sinne freuen. Feine Wassertropfen berühren die Haut, das Tosen des Wassers rauscht in den Ohren und das Sonnenlicht, das sich in der Gischt bricht, verwandelt sich in einen magischen Regenbogen.
Es ist atemberaubend, wie sich das Wasser kraftvoll seinen Weg durch die Felsen sucht. Seit jeher symbolisiert fließendes Wasser den **Fluss der Lebensenergie.** Und genau diese Energie spürt man hier besonders intensiv. Dabei ist es eigentlich egal, ob man an besondere Schwingungen glaubt oder nicht, denn die imposante Kulisse zieht alle in ihren Bann. Stundenlang kann man dem meditativen Fließen des Wassers zusehen.
Doch es ist nicht nur ein Ort zum Erfrischen, zum Loslassen und Krafttanken. Wasserfälle sind auch eine **Wohltat für die Gesundheit,** denn die Luft wird durch das aufgewirbelte, fein zerstäubte Wasser mit negativen Ionen aufgeladen. Dass uns eine Auszeit an einem Kraftplatz wie diesem besonders guttut, ist sogar wissenschaftlich bewiesen.
Die Schoßrinn ist zu jeder Jahreszeit imposant. Im Frühjahr, wenn zur Schneeschmelze gigantische Wassermassen mit lautem Getöse in die Tiefe fallen, im Sommer, wenn man sich im kühlen Nass der Gumpe erfrischen kann, oder im Winter, wenn sie zu bizarren Eisformen erstarrt.
Ein kleines Rätsel ist und bleibt der Name. Ob er nun von den natürlichen Gegebenheiten kommt, eine Parallele zur Mühlentechnik zieht oder eine Analogie zum weiblichen Schoß ist – eines ist sicher: Die Schoßrinn ist ein **einzigartiges Schauspiel** von Mutter Natur.
Der Weg zum Wasserfall ist zwar kurz und nicht sehr anspruchsvoll, dennoch sollte man Wanderschuhe mit gutem Profil tragen. Auf den feuchten Steinen und Wurzeln rund um den Wasserfall wird es schnell rutschig.

Für mich!
Die Kraft des Wasserfalls spüren

Wasserfall Schoßrinn, Wanderparkplatz Hainbach,
83229 Aschau im Chiemgau, www.aschau.de

21 *Meine Atempause*

AUF ANS ANDERE UFER

Per Boot in den Biergarten? Die Alzfähre bei Altenmarkt macht es möglich! Bei Garsch bringt sie ihre Passagiere über die Alz zum Gasthaus zum Roiter.

Eine traditionsreiche Institution, das **Gasthaus zum Roiter** – zu Recht, denn es vereint alles in sich, was ein oberbayerisches Wirtshaus braucht! Ein herrlicher Biergarten, umgeben von Wald, Wiesen und Feldern, dazu leckeres Essen aus regionalen Produkten und gut zu erreichen – in diesem Fall nicht nur zu Fuß, per Rad oder mit dem Auto, sondern sogar mit dem Schiff. Genauer gesagt, mit der Alzfähre.

Die Geschichte der **Alzfähre** reicht weit zurück. Schon vor dem Jahr 1900 soll eine Drahtseilfähre errichtet worden sein, die Ludwig Roiter damals als Abkürzung zu Kirchenbesuchen und Geschäftsgängen gebrauchte. Heute sind es in erster Linie Erholungssuchende aus nah und fern, die die Fähre auf Höhe von Flusskilometer 49,25 nutzen. Neun Personen haben in dem aus Fichtenholz gearbeiteten Schiff Platz, gerufen wird es per Seilzug. Einmal kräftig am Seil ziehen, kurz warten und schon bringt einen der Fährmann sicher über die türkisfarbene Alz.

Für mich!
Tradition und Genuss bestens vereint

Am anderen Ufer lädt das Gasthaus zum Roiter zu einer genussvollen Einkehr. Wirt Stefan Borger legt Wert auf die Herkunft seiner Zutaten. So verwendet er überwiegend regionale Bio-Produkte: Auerochsenfleisch aus Truchtlaching, Schweinefleisch von der Stiftung Attl, Gemüse aus Großornach, Käse von der Alztaler Hofmolkerei. Die regelmäßig wechselnde Karte besticht mit **saisonalen Schmankerln** – vom Kasbrettl bis zum Gulasch, vom Knödel bis zur Ofenforelle. Ist das Wetter nicht biergartentauglich, können es sich die Gäste in der Laube oder den beiden Stuben gemütlich machen und die breite Vielfalt der köstlichen oberbayerischen Küche genießen.

Bester Ausgangspunkt für einen Besuch beim Roiter ist übrigens das nahe gelegene **Kloster Baumburg,** das ebenfalls einen Abstecher lohnt! Aus der Klosterbrauerei stammen die im Gasthaus angebotenen Bierspezialitäten – und von dort ist es ein wunderschöner Spaziergang bis zur Anlegestelle der Alzfähre.

Gasthaus zum Roiter, Roit 1, 83352 Altenmarkt an der Alz,
Tel. (0 86 21) 73 87, www.roiter.de

KLOSTERBRAUEREI
16
12
BAUMBURG

22 *Meine Atempause*

ALPINES PANORAMA

Von Salzburg bis zum Tegernsee: Der Blick von der Ratzinger Höhe bei Rimsting ist atemberaubend – ein Erlebnisweg durch die bayerische Bilderbuchlandschaft.

Idyllische Streuobstwiesen mit knorrigen Bäumen, tiefgrüne Wälder, kleine Weiler und überwältigende Fernblicke: Zwischen Chiemsee und Simssee zieht sich der Höhenrücken der Ratzinger Höhe durch das oberbayerische Voralpenland und lädt mit seiner wunderschönen Natur zum **genussvollen Wandern** ein. Eine sonnenverwöhnte, aussichtsreiche Runde ist der – je nach Variante – zwischen 7 und 10 Kilometer lange Erlebnisweg **Ratzinger Höhe.** Egal ob allein oder gemeinsam, um den Kopf freizubekommen, sich an der frischen Luft zu bewegen oder die Natur im Lauf der Jahreszeiten zu erleben – die leichte Wanderung ist perfekt für eine Auszeit.

Für mich!
Erholsame Wanderung mit herrlicher Weitsicht

Start des Erlebniswegs ist in Rimsting. Von dort geht es durch die abwechslungsreiche Hügellandschaft hinauf bis auf 694 Meter. Unterwegs laden 14 Stationen zum Entdecken, Genießen und Entspannen ein. Gleich zu Beginn der Wanderung trifft man im Ur-Priental auf das **Rimstinger Mammut.** Das gigantische Tier mit seinem Jungen wurde aus Treibholz gestaltet und erinnert an die Riesen, die vor Millionen von Jahren hier heimisch waren. Am „Platz der Stille“ lädt eine breite Holzliege zu einer erholsamen Pause ein, bei der man den Blick über die eindrucksvollen Berge im Süden schweifen lassen kann.

Am **Aussichtsturm** angekommen, geht es noch ein Stückchen höher hinaus – 16 Meter, um genau zu sein. Der aus heimischem Holz gefertigte Turm stand einst auf der Landesgartenschau in Rosenheim. Heute eröffnet er von der Ratzinger Höhe aus einen fantastischen Blick auf die Chiemgauer Alpen mit Gipfeln wie dem Hochfelln, dem Hochgern und der Kampenwand. Daneben liegt den Wandernden der **Chiemsee** mit Frauen- und Herreninsel zu Füßen. Wer noch weiter in die Ferne blicken möchte, bewundert die Landschaft durch eines der bereitgestellten Fernrohre.

Herrliche Plätze für ein Picknick gibt es entlang des Weges genug. Oder man kehrt auf dem Rückweg im Berggasthof Weingarten ein.

Aussichtsturm Rimsting, Ratzinger Höhe, 83253 Rimsting

MEDITATIVER FLOW

Anna von the yogi's vitamin bietet individuelle Yogaeinheiten an – im eigenen Zuhause, dem Garten oder an einem anderen schönen Ort.

Yoga lindert Stress, lässt den Geist zur Ruhe kommen und schenkt dem Körper neue Kraft. Aber Yoga ist noch viel mehr: Es schafft ein Gefühl von Lebendigkeit. Und es kann genauso wertvoll wie ein Vitamin sein, wenn man durch die Yogapraxis mehr Achtsamkeit, Meditation und Selbstliebe lebt. Genau das ist es, was Anna von **the yogi's vitamin** ihren Teilnehmern mitgeben möchte.
In ihren Yogastunden bietet Anna den dynamischen Yoga-Stil Vinyasa an. Im Gegensatz zum bekannteren Hatha Yoga werden die Körperübungen – die Asanas – nicht einzeln geübt, sondern in **fließenden Bewegungen** verbunden und mit der Atmung synchronisiert. Der so entstehende meditative Flow ist fordernd für den Körper und beruhigend für den Geist. Beim Vinyasa fällt es leichter, Gedanken loszulassen, bewusst durchzuatmen und im Hier und Jetzt anzukommen.

Für mich!
Lebendigkeit und Energie durch Vinyasa Yoga

Der Begriff **„Vinyasa"** hat seinen Ursprung im altindischen Sanskrit und bedeutet, dass die Bewegungen auf eine bestimmte Weise zusammengesetzt werden. Wie genau, das legt jeder selbst fest – und das ist auch das Besondere am Vinyasa: Keine Yogaeinheit sieht gleich aus, sondern jede kann kreativ gestaltet werden. Die Stunden bei the yogi's vitamin sind darauf ausgerichtet, dass sowohl Anfänger als auch erfahrene Yogis Spaß daran haben. Bei anspruchsvollen Haltungen gibt es immer zwei Varianten: eine leichtere und eine schwierigere.
Wo man auf die Matte steigen möchte, kann man selbst entscheiden. Neben Angeboten wie Yoga & Brunch oder sommerlichen **Yoga-Outdoor-Sessions** lassen sich individuelle Stunden an einem Wunschort buchen. Beim Yoga unter freiem Himmel kann man sich noch besser erden und die Sonne als zusätzliche Energiequelle nutzen. Jede Stunde ist einzeln buchbar. So kann man sich zum Beispiel auch im Urlaub eine kleine Yoga-Einheit gönnen, ohne direkt einen ganzen Kurs absolvieren zu müssen.

Anna Sophie Kreisel, Tel. (01 51) 20 75 91 10, www.theyogisvitamin.de

Energielenkende Gesten

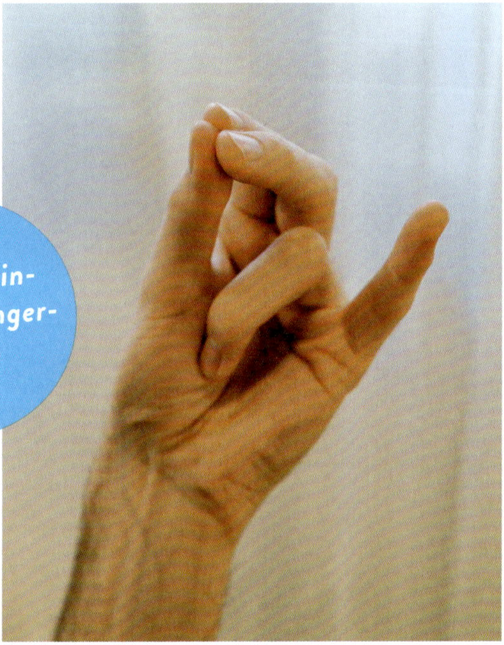

Freudebringendes Finger-Yoga

Mudras sind ein wichtiger Teil des Yoga. Die Gesten, die mit den Fingern geformt werden, lenken die Energie und eignen sich perfekt als alltagstaugliche Übungen, um Stress zu reduzieren, Beschwerden zu lindern und neue Lebensenergie zu tanken. Wie etwa bei der Akupressur oder der Traditionellen Chinesischen Medizin nutzen Mudras die Aktivierung körperlicher Energiepunkte. Übersetzt bedeutet Mudra „das, was Freude gibt".

Körper und Geist im Einklang

Finger-Yoga ist einfach und schnell umzusetzen. Man sucht sich einen ruhigen Ort, setzt sich aufrecht hin, schließt die Augen und atmet tief ein und aus. Die Mudras werden mit beiden Händen geformt und einige Minuten gehalten. Am besten probiert man verschiedene Mudras aus und konzentriert sich auf die Wirkung, die sie im Körper auslösen, um die richtigen Mudras für sich zu finden.

Die häufigste Mudra ist die Anjali-Mudra, die ausgleichend und stressreduzierend wirkt und die Aufmerksamkeit nach innen lenkt. Die Hände werden in Gebetshaltung vor das Herz-Chakra gebracht. Die Mudra wird auch als „Namasté“ bezeichnet und bedeutet „Ich grüße dein Wesen“.

Die Chin-Mudra stärkt die Konzentration sowie den inneren Frieden. Sie ist die bekannteste Mudra im Yoga und wird häufig zur Meditation angewandt. Dabei werden Daumen und Zeigefinger zueinander geführt, die anderen Finger sind entspannt, die Handflächen zeigen nach oben.

Die Shakti-Mudra hilft gegen innere Unruhe sowie bei Einschlafproblemen: Die Daumen werden von Zeige- und Mittelfinger umschlossen, während der kleine und der Ringfinger sich berühren. Durch die Mudra wird auch die Tiefenatmung aktiviert. Da die Übung sehr stark wirkt, soll sie nicht öfter als dreimal täglich durchgeführt werden.

Die Mahasirs-Mudra löst Spannungen und befreit von Kopfschmerzen. Der Ringfinger wird gegen den Daumenballen gedrückt. Die Fingerspitzen von Daumen, Zeigefinger und Mittelfinger berühren sich und der kleine Finger wird ausgestreckt.

Bei der Vayu-Mudra, die bei Verdauungsbeschwerden, stressbedingten Blähungen sowie Hautunreinheiten hilft, wird der Zeigefinger eingerollt und mit dem Daumen festgehalten, der gegen das erste Fingergelenk drückt. Die anderen Finger sind locker ausgestreckt.

Die Kalasvara-Mudra hilft, sich im Moment zu erden und ruhig zu werden. Die Mittelfinger berühren sich und zeigen nach unten oder oben, die Daumenspitzen berühren einander und zeigen in die andere Richtung. Zeige-, Ring- und kleiner Finger sind nach innen gebeugt. Die Geste wird kurz unter der Brust gehalten, die Ellenbogen sind nach außen gestreckt.

Die Pran-Mudra schenkt Selbstvertrauen und Energie. Den Zeige- und Mittelfinger aneinanderlegen und die Finger ausstrecken. Mit dem Daumen auf die Nägel von Ringfinger und kleinem Finger drücken.

Mit der Hakini-Mudra wird die Atmung vertieft, die Konzentration und Aufnahmefähigkeit gesteigert sowie die Entspannung gefördert. Alle Fingerspitzen gegeneinanderdrücken und tief ein- und ausatmen.

24 *Meine Atempause*

ERDENDE NATUR

Raschelndes Schilfgras, tanzende Libellen und dunkelblaues Wasser: Zwischen Bernau und Aschau liegt der idyllische Bärnsee als kleine Naturoase.

Vor etwa 15.000 Jahren, als sich die Gletscher der letzten Eiszeit zurückzogen, entstand der Chiemgau mit seinen mächtigen Bergen, mystischen Mooren und tiefblauen Seen. Einer davon ist der **Bärnsee,** der einst um ein Vielfaches größer war. Heute prägt sein Ufer eine **artenreiche Moorlandschaft** aus Hoch-, Nieder- und Quellmooren. Inmitten dieser faszinierenden Natur gewinnt man schnell Abstand vom Alltag und kann sich ganz dem mystischen Zauber des Moores mit seinen erdigen Farben und Gerüchen hingeben.

Als Insel der Ruhe lädt der Bärnsee zu ausgedehnten **Spaziergängen** ein – wobei nicht der See, sondern seine ursprünglichen Uferzonen die Hauptrolle spielen. Da das Gewässer immer weiter verlandet, wächst ein seltener, äußerst empfindlicher **schwimmender Schwingrasen** in den See hinein. Baden und Bootfahren ist daher schon lange untersagt, doch der Bärnsee lässt sich auch wunderbar zu Fuß genießen. Eine gute Stunde braucht man für eine gemütliche Runde. Schmale Pfade wechseln sich mit hölzernen Stegen und sanft federnden Waldwegen ab. Auf etwa halber Strecke zeigt er sich schließlich, der sonst vom Schilf verborgene Bärnsee. Umrahmt wird er von einer bildschönen Kulisse: In der Ferne thront das imposante **Schloss Hohenaschau** über dem Priental, dahinter erheben sich kraftvoll die Chiemgauer Alpen. Kurz innehalten und genießen, ehe es weitergeht. Am Ende des Spaziergangs lohnt sich ein Abstecher ins Café Pauli oder ein wohltuendes Bad im pflegenden Wasser des Aschauer Natur-Moorbades. Das traditionsreiche Freibad am Rande des Naturschutzgebietes wird mit weichem Moorwasser aus dem Bärnsee gespeist. Erfrischung pur bietet die Kneipp-Anlage nebenan. Hier watet man sogar durch zwei unterschiedliche Wasser, denn die Anlage befindet sich genau dort, wo das braune, wärmere Moorwasser des Rainbachl auf das klare, kältere Bergwasser des Schafelbach trifft. Der perfekte Abschluss für einen Tag im Grünen!

Für mich!
Die Ruhe des Moores mit allen Sinnen spüren

Bärnsee, 83229 Aschau im Chiemgau,
www.aschau.de

DER GEKLOBTE STEIN

Die Wallfahrtskirche Maria Klobenstein thront auf der Grenze zwischen Bayern und Tirol in einer engen Schlucht. Ihr Ursprung geht auf eine Sage zurück.

Inmitten der imposanten **Entenlochklamm,** dem Durchbruchstal der Tiroler Achen, thront die Wallfahrtskirche Maria Klobenstein neben ihrem mächtigen Namensgeber, dem geklobten Stein. Das Ensemble ist ein spiritueller Kraftort. Die Legende erzählt von einer alten Bäuerin, die auf ihrem Weg durch die Klamm von einem Erdrutsch überrascht wurde. Als sie das laute Grollen hörte und ein **riesiger Felsbrocken** auf sie zu stürzen drohte, betete sie in ihrer Verzweiflung zur Mutter Gottes. Diese erhörte ihr Stoßgebet: Der Stein spaltete sich direkt vor der Bäuerin und bewahrte sie so vor dem sicheren Tod. Aus Dankbarkeit wurde am gespaltenen Stein schließlich eine Kapelle mit einer schwarzen Madonna errichtet.

Für mich!
Kraft tanken am sagenumwobenen Klobenstein

Heute umgeben den geklobten Stein sogar drei Kapellen. Nach dem Bau der Loretokapelle 1701 kam 1733 die Mariahilfkapelle hinzu. 1890 wurden die beiden Kapellen miteinander verbunden und bilden seither die **Wallfahrtskirche.** Etwas unterhalb des gespaltenen Steins befindet sich die 1886 errichtete Lourdeskapelle, aus deren kleinem Brunnen Quellwasser sprudelt, das heilende Kräfte haben soll.
Auch der etwa 10 Meter hohe **sagenumwobene Stein** zieht heute noch viele Menschen an. Wer es schafft, den schmalen Spalt zu durchqueren, ohne die steinernen Wände zu berühren, dem soll dem Glauben nach ein Wunsch erfüllt werden. Dieser muss allerdings unausgesprochen bleiben und sollte nicht materiell sein.
Wer die Wallfahrtskirche besuchen möchte, kann den **Schmugglerweg** wandern. Der Themenwanderweg für Klein und Groß beginnt im Ortszentrum von Schleching und führt etwas oberhalb des Flusslaufs der Tiroler Ache durch die Entenlochklamm bis nach Kössen. Am Klobenstein selbst sorgen neben der Kirche zwei eindrucksvolle Hängebrücken sowie eine Aussichtsplattform für ein besonderes Erlebnis. In der einstigen Einsiedelei unterhalb der Kirche lädt das urige Gasthaus Klobenstein ein.

Wallfahrtskirche Maria Klobenstein, Klobensteiner Straße 583, AT 6345 Kössen

26 *Meine Kraftquelle*

EINE EIGENE KLEINE WELT

Inmitten des Chiemsees liegt die Fraueninsel. Gerade einmal 300 Meter breit und 600 Meter lang verzaubert sie mit Kloster und malerischem Fischerdörfchen.

Mit frischem Seewind im Gesicht und den imposanten Alpen im Blick ist schon die Überfahrt zur **Fraueninsel** ein Erlebnis. Stück für Stück lässt man das Festland und den Alltag hinter sich. Stattdessen taucht man in den Zauber des autofreien Eilands ein, das mehrmals am Tag von der Flotte der Chiemsee-Schifffahrt angelaufen wird.
Bereits von Weitem leuchtet der weiße Glockenturm der **Abtei Frauenwörth** den Besuchern entgegen. Das 782 gegründete Kloster ist das älteste Nonnenkloster Deutschlands. Die geschichtsträchtige Münsterkirche, der **frei stehende Campanile** mit seiner barocken Zwiebelhaube, die karolingische Torhalle mit Gemälden der Chiemseemaler und der Kräutergarten mit seinem wildromantischen Blumenmeer prägen den südlichen Teil der Insel, während im Norden das **Fischerdörfchen** dominiert.
Wer in das Inselleben eintauchen möchte, unternimmt einen Spaziergang. Kleine, verwinkelte Gassen führen durch das schmucke Dörfchen, vorbei an Bootshütten, Landungsstegen und pittoresken Ecken. Noch heute leben einige der rund 200 Insulaner vom Fischfang. Zwischen den dicht gedrängten Häusern hängen Netze zum Trocknen aus. Braucht man auf dem Streifzug eine Stärkung, bieten sich eine **Chiemsee-Renke** oder leckerer Räucherfisch an! Vorbei an kleinen Töpfereien, die hier ebenfalls eine lange Tradition haben, geht es zum Dorfanger. Unter dem Blätterdach der mehr als 1000 Jahre alten **Tassilo-Linde** kann man die Gedanken schweifen lassen – oder man wagt einen erfrischenden Sprung in den See und schöpft neue Energie. Wenn das letzte Schiff in Richtung Festland ablegt, wird es still auf der Insel. Nur vom Plätschern des Wassers und dem Rauschen des Windes begleitet, kann man dann den Sonnenuntergang mit Alpenpanorama genießen. Für die Nacht quartiert man sich in einer Ferienwohnung oder dem Gästehaus des Klosters ein. So lässt sich die Ruhe und Abgeschiedenheit der Fraueninsel richtig auskosten.

Für mich!
Inspirierendes Inselflair im Bayerischen Meer

Fraueninsel, 83256 Frauenchiemsee,
www.frauenwoerth.de

HEILKRÄFTE DER NATUR

Seit Jahrhunderten nutzen Menschen die natürliche Heilkraft von Kräutern. Bei einer Bergkräutertour auf die Rachlalm lernt man einige davon genauer kennen.

Mit allen Sinnen in die Schätze der Natur eintauchen – darum geht es bei einer **Kräuterwanderung.** Wer mit offenen Augen durch die Welt geht und den Blick auf die Details lenkt, kann zu jeder Jahreszeit wilde Heilpflanzen entdecken. Worauf genau man achten sollte, das erklärt Babette. Die Wild- und Heilkräuterpädagogin bringt ihren Tourgästen unterwegs die entdeckten Kräuter näher. Neben Informationen zu den wichtigsten Inhaltsstoffen der Pflanzen gibt sie Tipps zum Sammeln, der richtigen Verarbeitung und zur Anwendung der heilsamen Kräuter. Erkundet wird **mit allen Sinnen:** sehen, fühlen, riechen und schmecken – und dabei den beruhigenden Geräuschen der Bergwelt lauschen.

Für mich!
Die Kraft der Wildkräuter entdecken

Der Wanderweg führt durch den schattigen Bergwald hinauf zu **farbenprächtigen Almwiesen,** auf denen es besonders viel Wertvolles zu finden gibt: Sauerklee, Gänseblümchen, Dost, Quendel, Wiesenkümmel oder Rotklee. In jeder Pflanze verbirgt sich ein Geheimnis der Natur, das man mit dem richtigen Wissen ein Stück weit lüften kann. Seit Jahrhunderten schätzen die Menschen Kräuter wie diese als wirksame und **sanfte Heilmethode.** Und nicht nur den Körper, sondern auch die Seele kann die Natur mit ihren einzigartigen Kräften ein Stück weit heilen.

Das Ziel der Wanderung ist die auf 900 Metern gelegene **Rachlalm,** die mit einem tollen Ausblick auf die umliegende Chiemgauer Bergwelt lockt – und natürlich auch mit einer genussvollen Einkehr. Während man das Jungvieh beim Grasen beobachtet, dem Klang der Glocken lauscht und eine hausgemachte Brotzeit genießt, kann man Kraft für den Rückweg tanken. Die Bergkräutertour ist für Wandernde aller Niveaus gut zu gehen. Mit Aufstieg, Einkehr und Abstieg dauert die Tour rund 3 bis 4 Stunden. Die reine Gehzeit zur Alm beträgt etwa eine Stunde.

Babette bietet auch Verarbeitungskurse an. Dort lernt man, wie die gesammelten Kräuter zu Tees, Salben, Seife und mehr verarbeitet werden.

Kräuterkranzl, Babette Györi,
Tel. (01 76) 62 29 51 20, www.kraeuterkranzl.de

Die Kraft der Pflanzen

Die Magie der Düfte

Die Aromatherapie ist Teil der Pflanzenheilkunde und beruht auf der Kraft naturreiner ätherischer Öle, die einen heilsamen Einfluss auf Körper, Geist und Seele haben. Ätherische Öle können Krankheitsbeschwerden lindern, die Selbstheilungskräfte aktivieren, das Immunsystem stärken und das Wohlgefühl steigern.

Begleiter in allen Lebenslagen

Die Düfte der Natur stehen uns als stärkende Begleiter zur Seite und sorgen für wohltuende Momente der Achtsamkeit. Düfte wirken über die Nase direkt auf das limbische System des Gehirns, dem Zentrum von Emotionen und Erinnerungen. So kann das Riechen eines Duftes das Nervensystem beruhigen und das innere Gleichgewicht unterstützen. Gleichzeitig lenkt die intensive Sinneserfahrung die Aufmerksamkeit auf unsere Atmung, die sich automatisch vertieft und uns zur Ruhe kommen lässt.

Ein wahrer Alleskönner ist Lavendel fein. Sein mildes Duftprofil erzeugt eine ausgleichende, beruhigende Wirkung, die zu gesundem Schlaf verhilft und bei Angst und Unruhe für Entspannung sorgt. Bei Hautproblemen oder Verbrennungen findet Lavendel dank seiner hohen Reinigungskraft und regenerierenden sowie Juckreiz lindernden Wirkung Anwendung.

Der warme, süßliche Duft der Orange hebt die Stimmung, weckt die Lebensfreude und wirkt ausgleichend. Orangenöl ist ein wohltuender Begleiter bei Ängsten und Stress. Sanft umschmeichelt der Duft die Sinne, schenkt Ausgeglichenheit sowie innere Ruhe und macht gute Laune.

Das ätherische Öl der Pfefferminze aktiviert die Sinne. Der klare, frische Duft belebt an heißen Tagen, macht bei Müdigkeit munter, lindert Kopfschmerzen und Übelkeit und unterstützt die Verdauung. Die Pfefferminze ist zudem für ihre kühlende und keimreduzierende Wirkung bekannt.

Die Zirbelkiefer hat eine gesundheits- und schlaffördernde Wirkung. Der holzige Baumduft schenkt Kraft und Mut in herausfordernden Lebenssituationen, reinigt die Raumluft, lässt tief durchatmen und fördert die Konzentration. Auch bei Erkältungs- und Muskelbeschwerden wird gerne auf Zirbelkiefer zurückgegriffen.

Der anregende Duft von Lemongrass weckt neue Lebensgeister, fördert die Kreativität und schenkt Zuversicht. Dank seiner fruchtig-frischen Note und der vitalisierenden Wirkung wird das aromatische Gras gerne für Kosmetik und zur Reinigung verwendet. Weitere Eigenschaften: Lemongras stärkt das Immunsystem, fördert die Konzentration und vertreibt lästige Insekten.

Beflügelnde Dufterlebnisse

Ätherische Öle lassen sich vielfältig genießen. Mittels Duftlampe und Diffuser oder als Spray verwandeln sie jeden Raum in eine Wohlfühloase. Im Badezimmer dürfen die Düfte als Aromadusche (einfach ein paar Tropfen auf den Boden der Dusche geben), als Badezusatz (zum Beispiel mit Meersalz, Milch oder Sahne) oder in selbst hergestellter Naturkosmetik wirken. Dabei immer beachten: Ätherische Öle sind geballte Pflanzenkraft und entfalten ihre Wirkung schon in geringster Dosierung. Sie sollten nicht unverdünnt auf der Haut angewendet werden.

28 *Meine Kraftquelle*

TIERISCH UNTERWEGS

Mit ihrem kuscheligen Fell und dem sanften Gemüt bringen Alpakas fast jedes Herz zum Schmelzen. Bei einer Alpakawanderung kann man einiges von ihnen lernen.

Alpakas stammen ursprünglich aus den südamerikanischen Anden und werden besonders wegen ihrer wertvollen Wolle geschätzt. Vor einigen Jahren haben Monika und Andreas Bauregger ihr Herz an die **zotteligen Neuweltkameliden** verloren. Stück für Stück ist nicht nur ihre Herde, sondern auch ihre Liebe für die sanftmütigen Wesen gewachsen. Bei **geführten Wanderungen,** für die man sich vorab anmelden sollte, tragen sie ihre Leidenschaft weiter.

Am Alpakastall am Rande von Inzell werden die ankommenden Besucher neugierig gemustert. Doch die anfänglichen Berührungsängste verfliegen auf beiden Seiten schnell. Man lernt, dass Alpakas am liebsten am Hals oder Rücken gekrault werden, und lässt sich von den lustigen Geräuschen der Tiere begeistern. Jedem Teilnehmer wird ein Wuschelkopf samt Leine anvertraut und schon geht es los. Worauf es beim Umgang mit den Alpakas ankommt, erklären Monika und Andreas natürlich genau, denn für sie steht das Wohlergehen ihrer Lieblinge an erster Stelle.

Für mich!
Entschleunigen mit flauschiger Begleitung

Bei der Wanderung lernt man viel über sich und das Tier, für das man die Verantwortung übernommen hat. Alpakas sind **Herdentiere** und orientieren sich an der Gruppe. Zudem sind sie recht schreckhaft, was Aufmerksamkeit erfordert. Auch dass Alpakas von Natur aus keine großen Läufer sind, merkt man schnell. Denn viel lieber sind sie **gemütlich unterwegs** und trödeln ein wenig umher. Genüsslich kauen, neugierig umschauen und sich keinesfalls aus der Ruhe bringen lassen: Wer mit einem Alpaka unterwegs ist, wird ganz von allein langsam. Mit einem flauschigen Kameraden an der Seite kann man entspannt abtauchen und einen gelassenen Spaziergang genießen. Auch wenn die Wanderung mit den kuscheligen Tieren nicht sonderlich anstrengend ist, sind doch zahlreiche Muskeln gefragt! Denn beim Lachen werden ganze 135 Muskeln beansprucht – und das muss man beim Anblick der fröhlichen Gesichter mehr als einmal!

Alpakastall, A. & M. Bauregger, Sulzbacher Straße 69, 83334 Inzell, Tel. (0 86 65) 76 89, www.bauregger-inzell.de

SPORTLICHE AUSZEIT

Beim Stand-up-Paddling erlebt man den Chiemsee aus einer neuen Perspektive. Der Trendsport bietet die perfekte Mischung aus Abenteuer und Ruhe.

Stand-up-Paddling, kurz SUP, ist eine Wassersportart, die schnell zu erlernen ist und die nahezu jeder ausprobieren kann. Das **Stehpaddeln** trainiert den Gleichgewichtssinn und die Muskulatur, macht Spaß und eignet sich bestens zum Abschalten. Perfekt für eine Tour auf dem Wasser!
Mit dem SUP kann man **kleine wie große Ausflüge** machen – allein, mit Freunden oder der ganzen Familie. Flüsse wie die Alz oder Seen wie den Chiemsee erkunden. Nahezu lautlos übers Wasser gleiten, das Gefühl von Freiheit spüren, die schönsten Buchten entdecken, sich in der Sonne treiben lassen, spontan baden gehen oder sogar auf ein Fischbrötchen zur Fraueninsel paddeln.

Für mich!
Gemütliche Wassertour vor Traum-Kulisse

Die Möglichkeiten am **Bayerischen Meer** sind vielfältig und reichen von der kurzen Feierabendrunde bis zur Tagestour. Und auch die Einstiegsorte entlang der rund 65 Kilometer langen Uferlinie sind zahlreich. Mehrere Verleihstationen bieten die passende Ausrüstung sowie Kurse an. Wer eine besondere Herausforderung sucht, kann zwei Sportarten kombinieren und beim **SUP-Yoga** nicht nur Körper und Geist stärken, sondern auch das Plätschern des Wassers genießen.
In den frühen Morgenstunden oder am Abend erlebt man mit dem SUP die schönsten Momente: Wenn die Weite des Sees windstill und menschenleer vor einem liegt, das Paddel sanft durchs Wasser gleitet, der Himmel in den buntesten Farben leuchtet und das eindrucksvolle **Alpenpanorama** sich in der glatten Oberfläche des Sees spiegelt.
Um die Natur zu schützen, gibt es für das Stand-up-Paddeln am Chiemsee einige Regeln. Erlaubt ist es nur zwischen 1. April und 31. Oktober. Das Befahren der gekennzeichneten Schutzzonen am Ufer sowie im Achen-Delta ist verboten. Daneben sollten Strandbäder und Schiffsanleger gemieden werden. Anfänger drehen ihre ersten Runden am besten in Ufernähe, denn der Wind kann manchmal tückisch sein. Wer das beachtet, kann eine wunderbare Zeit auf dem Wasser genießen.

Parker Outdoor, Julius-Exter-Promenade 23, 83236 Übersee,
Tel. (0 86 42) 5 95 56 50, www.parker-outdoor.de

30 *Meine Kraftquelle*

SCHÖNES VON HIER

„hiesiges.“ heißt der Hofladen auf dem Christandl Hof unweit des Tachinger Sees, der Künstlern und Manufakturen aus der Region eine stilvolle Plattform bietet.

Idyllisch eingebettet liegt zwischen Wiesen, Feldern und Wäldern ein typisch oberbayerischer Vierseithof. Hier, am **Christandl Hof,** haben Tina und Laura mit ihrem Hofladen hiesiges. einen Ort geschaffen, der die Schönheit und Vielfalt des **regionalen (Kunst-)Handwerks** in wertschätzender Art und Weise präsentiert und dabei eine Oase der Inspiration und Entschleunigung ist.

Dass unter dem Gewölbe der **historischen Säulenhalle,** hinter den alten, hölzernen Sprossenfenstern einmal ein Kuhstall war, lässt sich heute kaum mehr erahnen. Die schlichte, zurückhaltende Einrichtung des Hofladens stellt vielmehr die mal bodenständigen, mal extravaganten **Unikate** in den Mittelpunkt – zu Recht. Unter den Werkstücken finden sich so einige Schätze. Handgearbeitete Keramik, kunstvolle Skulpturen, weiche Web-Teppiche, filigrane Papierblumen, hochwertiges Holzspielzeug, handgesiedete Seifen, klassische Drechselkunst und einzigartiger Schmuck – das Sortiment ist vielfältig und dennoch erlesen.

Für mich!
Ehrliches Handwerk entdecken

Vor, zwischen oder nach dem seelenruhigen Kruschen ist Zeit, die Umgebung bei einem Spaziergang zu erkunden. Für die schönsten Routen, zum Beispiel zum kleinen Weiher gibt es liebevoll handgezeichnete Wegweiser-Kärtchen. Oder man genießt eine **Pause im Walnussgarten,** der zu jeder Jahreszeit seinen Zauber verbreitet. Dazu ein erfrischendes Getränk und ein leckerer Snack aus dem Kiosk und die Auszeit ist perfekt. Und im Winter, da wärmt man sich mit schweifendem Blick und einer Tasse Punsch in der Hand am knisternden Lagerfeuer.

Wer hiesiges. einen Besuch abstattet, sollte also unbedingt Zeit zum Stöbern, Ratschen und Genießen mitbringen. All das ist in der Ära des Online-Shoppings fast verloren gegangen. Und wer selbst sein kunsthandwerkliches Talent ausprobieren möchte, besucht einen der gestalterischen Workshops, die im hiesiges. angeboten werden.

hiesiges., Christandl Hof, Lampertsham 7, 83349 Palling,
www.hiesiges.de

KIOSK

EISZEITLICHES PARADIES

Die Eggstätt-Hemhofer Seenplatte zählt zu den ältesten Naturschutzgebieten des Landes. Wälder, Moore und Wasserläufe laden zum Seele-baumeln-Lassen ein.

Sie zählt zu den wertvollsten Naturlandschaften Bayerns: die **Eggstätt-Hemhofer Seenplatte.** Vor etwa 10.000 Jahren haben die Gletscher der letzten Eiszeit diese wundervolle Landschaft mit zahlreichen kleineren und größeren Seen entstehen lassen. Die Auwälder, Moore, Seen, Sümpfe und Schilfgürtel der Seenplatte sind heute Lebensraum zahlreicher bedrohter Tier- und Pflanzenarten. Sie geben Einblick in ein erdgeschichtliches Zeitalter, in dem der Mensch nur eine Nebenrolle spielte. Die verwunschene **Wald- und Wasserlandschaft** ist durchzogen von kleinen Holzwegen, Brücken und Trampelpfaden, die über von Seerosen bedeckten Wasserläufen zu einsamen Uferstellen führen. Bänke laden zum Verweilen ein, um die fast unberührte Natur in Ruhe zu genießen.

Für mich!
Eintauchen in Spuren der letzten Eiszeit

Fast **30 Kilometer Wanderwege** führen durch das Naturschutzgebiet und bieten von der kleinen Spazierrunde bis zur ausgedehnten Tagestour unzählige Möglichkeiten – doch Strecke machen möchte hier eigentlich keiner. Warum auch? Lieber lässt man sich von der Schönheit der wilden Landschaft verzaubern, beobachtet in Ruhe die nahezu schwerelos schwebenden Libellen und hält Ausschau nach den größten Fischen im Wasser.

Ein Ausflug an die Seenplatte ist **zu jeder Jahreszeit** ein Erlebnis. An heißen Sommertagen spendet der Wald angenehmen Schatten und an den ausgewiesenen Badestellen lockt das erfrischende Wasser zu einem Sprung ins kühle Nass. Im Frühjahr und Herbst erlebt man den Wandel der Natur im Laufe der Jahreszeiten besonders intensiv. Und wenn im Winter Väterchen Frost die Pflanzenwelt mit seinem eisigen Hauch überzieht, lässt sich in der Morgensonne ein glitzerndes Naturschauspiel beobachten. Wer in diesen faszinierenden Ort eintaucht, sollte achtsam damit umgehen und dazu beitragen, ihn zu schützen, sodass alle auch in Zukunft die unberührte Landschaft genießen können.

Eiszeitseen, Eggstätt-Hemhofer Seenplatte,
www.eiszeitseen.de

32 *Meine Kraftquelle*

VOM LEBEN AUF DEM LAND

Einblicke in das bäuerliche Leben vergangener Epochen bietet das Bauernhausmuseum in Amerang. Eine faszinierende Zeitreise in wunderschöner Landschaft.

Eingebettet in die sanft geschwungene Voralpenlandschaft liegt das **Museumsdorf Amerang.** Gleich drei bedeutende Sammlungen begeistern im bayerischen Bilderbuchdorf die Besucher. Eines davon ist das Bauernhausmuseum, das neben dem EFA-Museum für Deutsche Automobilgeschichte sowie dem Schlossmuseum Amerang den Ort prägt.

Mitten im Grünen unternimmt man bei einem gemütlichen Spaziergang durch das **Freilichtmuseum** eine Reise in die Vergangenheit und erkundet die einstige Lebens- und Arbeitswelt der Bauern, Handwerker und Tagelöhner. Inmitten von **hübschen Bauerngärten** und Streuobstwiesen ziehen 17 historische Bauernhäuser, Bundwerkstadel und Werkstätten die Besucher in den Bann. Einst standen die **geschichtsträchtigen Bauwerke** an anderen Orten. Mit viel Liebe zum Detail wurden sie abgetragen und in Amerang originalgetreu wieder aufgebaut. Nun erzählen sie mit zahlreichen spannenden Gegenständen von längst vergangenen Zeiten. Auch alte Berufe wie Seiler, Wagner oder Müller werden mit antiken Exponaten zum Leben erweckt und geben abwechslungsreiche Einblicke. Die umliegende **Kulturlandschaft** zeugt von der beeindruckenden Wechselwirkung zwischen Mensch und Natur.

Für mich!
Kulturgeschichte des Chiemgaus erleben

Im Schatten der alten Obstbäume lässt es sich hervorragend picknicken. Zwischen den Gärten, Wiesen und Feldern gibt es zudem immer wieder Bänke, die zu einer Pause einladen. Im Ambiente der historischen Bauernhäuser kann man so einen Moment innehalten und den Gedanken freien Lauf lassen. Mitbringen sollte man deshalb neben einer leckeren Brotzeit auch genügend Zeit, um das rund 4 Hektar große, vorwiegend barrierefreie Museumsgelände in Ruhe zu entdecken. Im Freilichtmuseum finden auch Handwerksvorführungen, Volksmusiknachmittage, Führungen und vieles mehr statt. Um tiefer in die Geschichte einzutauchen, können die Besucher einen kostenfreien Audioguide via App nutzen.

Bauernhausmuseum Amerang, Hopfgarten 2, 83123 Amerang,
Tel. (0 80 75) 91 50 90, www.bhm-amerang.de

ALTES WISSEN NEU ENTDECKEN

Zurück zu den Wurzeln: Kräuterpädagogin Andrea Illguth gibt in ihrem Treffpunkt Grün Einblicke in die heimische Pflanzenwelt und in alte Bräuche.

Zwischen Chiemsee und Tüttensee liegt idyllisch eingebettet der Obereggerhauser Hof. Hier führt die zertifizierte Kräuterpädagogin Andrea Illguth ein Leben im Einklang mit den Jahreszeiten, haucht Mythen und Sagen neues Leben ein und lässt mit ihrem **„Treffpunkt Grün“** auch andere daran teilhaben.

Naturkosmetik, Heilsalben und Tinkturen herstellen, Seifensieden, Fermentieren, Räuchern, Kräuterexkursionen oder Wurzelwanderungen – in Andreas **Naturmanufaktur** taucht man in die bezaubernde grüne Welt ein, erlebt Natur und Pflanzen im Jahreskreislauf und lernt biologische Vorgänge verstehen. Im Frühling und Sommer geht's zum Kräutersammeln, in der dunklen, kalten Jahreszeit werden Wurzeln verarbeitet und Kräuter verräuchert – Rituale, Bräuche und Traditionen, wie sie schon viele Generationen zuvor gepflegt haben.

Für mich!
Wunder der Natur kennenlernen

Doch die kreativen, kulinarischen oder **naturkundlichen Workshops,** Führungen und Vorträge sind nicht nur eine Auszeit vom Alltag, bei der man in die atemberaubenden Wunder der Botanik eintauchen darf. Das wertvolle Wissen um die **Heilkräfte der Pflanzen** lässt sich anschließend auch wunderbar ins eigene Leben integrieren.

Eine besondere Tradition ist das **Räuchern,** mit dem man die eigene Vergangenheit beschwören und sich zurück auf seine Wurzeln besinnen kann. Neben getrockneten Kräutern und den Harzen heimischer Nadelbäume werden auch Flechten verräuchert. Die sogenannten „Bärte der Ahnen“ entfalten mit ihrem erdig-holzigen Duft für Andrea eine besondere Magie, wenn sie gemeinsam mit den anderen Zutaten über einem Stövchen erhitzt werden und ihr heilsamer Rauch aufsteigt.

Jeden Mittwochnachmittag findet der Genuss-Treffpunkt statt. Dann bietet Andrea ihre handgefertigten saisonalen Produkte bei Kaffee, Tee, Kuchen und Pikantem zum Kauf an.

Treffpunkt Grün Andrea Illguth, Obereggerhausen 1, 83355 Grabenstätt,
Tel. (01 76) 42 02 41 36, www.treffpunkt-gruen.de

Sommer-Sonnwend
Blühen
Beltane
Walpurgi
Litha
Früchten
Ernten
Lugnasad
Schnitterfest
Wachsen
Verschenken
Segen
Schutz
Ostara
Frühlings Tag/Nacht Gleiche
Herbst Tag/Nacht Gleiche
Mabon
Keimen
Imbolc
Lichtmess
Julfest
Sterben
Samhain
Ahnen
Sonnwend

Im Zeichen des Rauchs

Altes Brauchtum neu entdecken

Räucherrituale begleiten die Menschheit seit jeher. Das Verglühen von aromatischen Pflanzen diente verschiedensten Kulturen und Völkern nicht nur zu sakralen Zwecken, sondern auch, um Räume zu reinigen, Kranke zu heilen oder Böses fernzuhalten. Lange Zeit ist die Kunst des Räucherns in Vergessenheit geraten. Doch die Rast- und Ruhelosigkeit unserer Tage bringt vielen Menschen diese kraftvollen und erdenden Rituale wieder näher. Ob zum Schöpfen neuer Energie, als entspannender Begleiter zur Meditation, zum Reinigen des Innen und Außen oder zum Schaffen einer gemütlichen, heimeligen Umgebung – jeder darf das Räuchern für sich selbst interpretieren und ein ganz eigenes Ritual, eine Wohltat für die Sinne und einen Ruhepol im Alltag daraus schaffen.

Räucherutensilien

Das wichtigste Utensil zum Räuchern ist das Räucherwerk. Hierfür eignen sich alle getrockneten Pflanzenteile wie Blüten, Blätter, Samen, Rinden, Harze oder Moose, die einzeln oder gemischt verräuchert werden können. Grundsätzlich gilt: Erst dann eine Pflanze nutzen, wenn man sich gut über sie und ihre Wirkung informiert hat. Bei nahezu jeder Gefühlslage und jedem Befinden bietet die Natur Pflanzen für wohltuende Räucherungen. Je nach Methode braucht es für die Räucherung noch weitere Utensilien. Wer eine intensive, reinigende Räucherung durchführen möchte, befüllt eine feuerfeste Schale mit Sand und platziert in der Mitte eine Räucherkohle als Wärmequelle. Ist die angezündete Kohle durchgeglüht, wird etwas Räucherwerk darauf platziert. Die Pflanzenteile verglühen und setzen dabei ihre duftenden Aromen frei. Ähnlich kraftvoll und intensiv ist das Räuchern mit Räucherbüscheln. Hierfür werden frische Kräuter, meist Salbei, mit einem Garn zu festen Büscheln gebunden, getrocknet, zum Glimmen gebracht und verräuchert. Eine sanftere Variante ist das Räuchern mit einem Stövchen. Dabei wird das Räucherwerk auf ein feines Sieb gelegt und durch ein darunter platziertes Teelicht erwärmt. Nach und nach werden die Pflanzenaromen freigesetzt, ohne dabei starken Rauch zu entwickeln. Bei allen Räucherutensilien, vor allem aber beim Räucherwerk sollte man darauf achten, hochwertige Materialien und natürliche Inhaltsstoffe zu nutzen.

Die Rau(c)hnächte

In der dunklen Jahreszeit und vor allem in der magischen Zeit zwischen den Jahren hat das Räuchern traditionell eine ganz besondere Bedeutung. Es ist eine Zeit des Wartens und Innehaltens, die wunderbar mit Räucherungen gestaltet werden kann. Früher wurde in den zwölf Tagen zwischen der Wintersonnenwende und dem Dreikönigstag, den sogenannten Rauhnächten, der Sieg des Lichts über die Dunkelheit gefeiert. Die Menschen räucherten ihre Häuser und Ställe, um böse Mächte zu vertreiben und Krankheit und Leid fernzuhalten. Heute lebt ein Teil dieses Brauchtums neu auf und begleitet diese zauberhafte Zeit. Für die Rauhnächte eignet sich Räucherwerk aus reinigenden Kräutern wie Salbei, Thymian, Myrrhe, Beifuß oder Wacholder besonders gut.

34 *Meine Kraftquelle*

PERSPEKTIVENWECHSEL

Dem Alltag entschweben und den Chiemgau aus einer ganz neuen Perspektive erleben: Bei einer Ballonfahrt lassen sich wundervolle Erinnerungen sammeln.

Frei wie ein Vogel durch die Lüfte schweben – den **Traum vom Fliegen** hegen viele Menschen. Am Chiemsee kann man ihn sich erfüllen: mit einer Fahrt im **Heißluftballon.** Getragen vom Wind kann man im Einklang mit der Natur zwischen 150 und 3000 Metern Höhe die Seele baumeln lassen und eine einzigartige Fernsicht genießen.

Bevor man in das Meer der Lüfte aufsteigen darf, heißt es jedoch anpacken. Zuerst wird der Heißluftballon gemeinsam aufgerüstet. Ist die Montgolfière bereit, geht es am Startplatz in der Nähe von Eggstätt hoch hinaus. Für die nächsten ein bis eineinhalb Stunden ist der Alltag vergessen. Gleich hinter dem tiefblauen **Chiemsee** erheben sich majestätisch die **Chiemgauer Alpen** und es eröffnet sich schon nach wenigen Minuten ein atemberaubender Blick über das Voralpenland. An Bord des Heißluftballons hat man in aller Seelenruhe Zeit, sich die Welt von oben anzusehen.

Für mich!
Eine unvergessliche Auszeit im Meer der Lüfte

Da der Ballon als sogenannter Aerostat mit dem Wind fährt, gibt es während der Fahrt keinerlei Turbulenzen. Ganz ruhig schwebt man durch das Luftmeer und kann so den Chiemgau aus der **Vogelperspektive** und das Gefühl von grenzenloser Freiheit in vollen Zügen genießen.

Nach der Landung wird die Montgolfière gemeinsam wieder abgebaut. Anschließend folgt ein weiterer kleiner Höhepunkt: die **Passagiertaufe,** ein alter Brauch, bei dem man symbolisch in den Ballonadelsstand aufgenommen wird.

Im Sommer startet das Team von Chiemseeballooning zweimal täglich: kurz nach Sonnenaufgang und etwa drei Stunden vor Sonnenuntergang. Den Rest des Jahres wird zur Tagesmitte gefahren. Ob eine Ballonfahrt tatsächlich stattfinden kann, liegt allerdings noch immer in den Händen von Mutter Natur, denn das Wetter ist ein entscheidender Faktor. Glück ab und gut Land!

Chiemseeballooning, Aschauerstraße 5, 83233 Bernau am Chiemsee, Tel. (0 80 51) 71 44, www.chiemseeballooning.de

35 *Meine Kraftquelle*

WINTERWUNDERLAND

Wandern kann man sommers wie winters fast überall im Chiemgau, doch der Panoramaweg auf der Hemmersuppenalm bietet ein ganz besonderes Erlebnis im Schnee!

Tief verschneite Almhütten, imposante Ausblicke und absolute Stille – auf der **Hemmersuppenalm** rückt der Alltag in weite Ferne. Um das Almgebiet auf 1260 Metern bequem zu erreichen, pendeln spezielle kostenpflichtige Kleinbusse zwischen Reit im Winkl und der Hindenburghütte. Oben angekommen, sorgt Deutschlands erster **Premium-Winterwanderweg** für pures Vergnügen.

Immer tiefer taucht man auf der rund 6 Kilometer langen gewalzten Strecke in die **idyllische Winterlandschaft** ein. Der Schnee knirscht unter den Füßen, klare Bergluft füllt die Lungen. Sonnenstrahlen schimmern durch die Kiefern, Reh und Hase haben ihre Spuren hinterlassen, in der Ferne ruft ein Waldkauz. Die Zeit scheint stillzustehen. Inmitten dieser atemberaubenden Landschaft lädt die Anna-Kapelle zum andächtigen Verweilen ein.

Für mich!
Die zeitlose Stille des Winters erleben

Zurück an der geschichtsträchtigen **Hindenburghütte** kann man sich die Füße aufwärmen, mit bayerischen Schmankerln stärken und den Tag auf der Sonnenterrasse ausklingen lassen. Für den abschließenden Weg zurück ins Tal stehen zwei Möglichkeiten zur Wahl: der Shuttlebus oder die 4 Kilometer lange Rodelbahn. Schlitten können geliehen werden.

Die schönsten Naturschauplätze des Hochplateaus lassen sich auch mit **Schneeschuhen** erkunden. Hierfür empfiehlt sich eine geführte Bergwanderung. So lernt man schnell die richtige Technik und geht nur in den für Schneeschuhwanderer zugelassenen Gebieten.

Natürlich bietet die Hemmersuppenalm auch im Sommer eine herrliche Kulisse zum Wandern. Rund um das Hochplateau gibt es vielfältige Aufstiegsmöglichkeiten und mit etwas Glück entdeckt man sogar Murmeltiere. Doch seinen besonderen Zauber verbreitet der Panoramaweg im Winter, wenn am späten Nachmittag der Mond langsam über den Bergen aufgeht und die Landschaft mit ihrer weißen Schneedecke in ein magisches Licht hüllt.

Hemmersuppenalm, Tourist-Info, Dorfstraße 38, 83242 Reit im Winkl, Tel. (0 86 40) 8 00 20, www.reitimwinkl.de

36 Meine Kraftquelle

FAHRSPASS UND NATURGENUSS

Faszination Segway: Am Chiemsee kann man mit dem fahrbaren Untersatz entspannt in eine laue Sommernacht cruisen und unvergessliche Momente genießen.

Segways sind ein recht spezielles Fortbewegungsmittel. Damit sich jeder Neuling ganz in Ruhe mit dem ungewöhnlichen Gefährt vertraut machen kann, steht am Beginn jeder Tour ein kleines Fahrtraining mit professioneller Einweisung. Mit ihrer lockeren Art vermittelt Ramona von MonaTours das notwendige Know-how. Ein **Segway** bewegt sich allein durch die Verlagerung des Körpergewichts ganz mühelos und sorgt so für ein fließendes Fahrgefühl. Schon nach wenigen Minuten findet man **die richtige Balance** und kurz darauf werden bereits die ersten Hindernisse im Übungsparcours gemeistert. Fühlt sich jeder sicher im Umgang mit dem Segway, geht es los.

Für mich!
Abenteuer auf zwei Rädern

Eine der schönsten Touren ist „**Segway by night**" am Chiemsee. Auf dem malerischen **Chiemsee-Uferweg** gleitet man von Rimsting mit dem Segway entlang des idyllischen Schilfgürtels um die Schafwaschener Bucht. Hinter jeder Wegbiegung warten neue traumhafte Ausblicke auf den See und die Berge. Vorbei an kleinen Bootsanlegern geht es immer weiter der untergehenden Sonne entgegen. Von Minute zu Minute wird das Vertrauen in den fahrbaren Untersatz stärker und man kann die Fahrt ausgiebig genießen. Mit Flutlicht ausgestattet, rollt die Gruppe begleitet vom leisen Summen der Segways schließlich durch die Stille der Nacht zurück zum Startplatz und lässt dabei den Blick über den sternenklaren Himmel schweifen. Ein unvergessliches Erlebnis!

Bei ihren Touren bringt Ramona Touristen wie Einheimische zu den schönsten Flecken des Chiemgaus und zeigt, wie viel Spaß es machen kann, mit dem Segway neue Orte zu entdecken. Die Touren starten an unterschiedlichen Plätzen und dauern je nach Schwierigkeitsgrad und Einkehr zwischen 1,5 und 4 Stunden. Von **Genusstouren** mit Panoramablick bis hin zu abenteuerlichen **Geländetouren** über Stock und Stein wird ein vielfältiges Programm für Anfänger und Fortgeschrittene angeboten.

MonaTours, Elpertinger Straße 5, 83209 Prien am Chiemsee,
Tel. (01 76) 60 38 77 31, www.segway-am-chiemsee.de

37 *Meine Kraftquelle*

AUSZEIT À LA KNEIPP

Malerische Spazierwege unter dem dichten Blätterdach steinalter Eichen und idyllisches Bachgeplätscher – das Eichental in Prien ist ein grünes Kleinod.

Mehr als 100 Jahre ist es bereits her, seit Sebastian Kneipp erklärte, dass ein harmonischer Lebensrhythmus eine wesentliche Grundlage für unsere Gesundheit ist. Und doch ist die **Kneipp'sche Philosophie** heute so aktuell wie nie. Inmitten der idyllischen Flusslandschaft des Eichentals lassen sich vier der fünf Säulen der ganzheitlichen Gesundheitstherapie kennenlernen: Wasser, Bewegung, Heilpflanzen und Balance.

Für mich!
Bewegung und Erholung im Priener Eichental

Herrliche Laubmischwälder, Wiesen voller Gebirgsblumen wie Frauenschuh oder Eisenhut und wertvoller Kräuter wie Bärlauch sowie das sanfte Rauschen des Mühlbachs – das **Priener Eichental** bezaubert mit seiner ursprünglichen Natur. Unter dem schützenden Blätterdach alter Baumriesen führen schattige Wege durch das Kleinod.

Egal ob gemütliches Spazierengehen, sportliches Nordic Walking oder kraftvolles Joggen – das Eichental bietet das perfekte Gelände für eine Runde an der **frischen Luft.** Der Klassiker unter den Spazierrunden ist der Wanderweg Nr. 1. Auf 5 Kilometern führt der Weg vorbei an interessanten Stationen wie der historischen Aumühle entlang der Prien durch das Eichental. Wer mit offenen Augen durch die Natur geht, findet zurück zur inneren Balance und entdeckt vielleicht sogar einen wundervoll leuchtenden **Eisvogel,** der pfeilschnell am Ufer entlangfliegt.

Etwas mehr Kraft und Ausdauer erfordert der **Bewegungsparcours.** Es muss nicht immer das muffige Fitnessstudio sein: Der Trimm-dich-Pfad ist die ideale Möglichkeit, etwas für seinen Körper zu tun – inmitten grüner Natur. Acht Stationen unter freiem Himmel motivieren dazu, sich zu dehnen, die Koordination zu verbessern und die Muskeln zu trainieren. Wenige Schritte weiter liegt das **Wassertretbecken.** Direkt am Ufer der plätschernden Prien kann man vor oder nach einem kleinen Work-out in die Heilkräfte des Wassers eintauchen und so eine weitere Säule der Kneipp'schen Lehre für ein harmonisches, gesundes Leben entdecken.

Naturpark Eichental, Beilhackparkplatz, 83209 Prien am Chiemsee, www.tourismus.prien.de

38 *Meine Kraftquelle*

SANFTE HARMONIE

Zur Ruhe kommen und neue Energie tanken: Die beruhigenden Klänge und zarten Schwingungen einer Klangmassage bieten Entspannung für Körper, Geist und Seele.

Dass Klang eine positive Wirkung auf uns Menschen hat, ist schon seit tausenden von Jahren bekannt. Im Chiemgau können Erholungssuchende bei Carolin Amberger in die faszinierende **Welt des Klanges** versinken. Die examinierte Krankenschwester und zertifizierte Klangmassagepraktikerin verzaubert Klein und Groß, Jung und Alt mit ihren Klangreisen und Klangmassagen. Jeder Klang, der sich aus einem Grundton und unendlich vielen Obertönen zusammensetzt, wirkt sich auf unser Wohlbefinden aus und kann einen wertvollen Beitrag zur Stärkung der Gesundheit leisten.

Hören und Fühlen: Bei einer **Klangmassage** werden verschieden große Klangschalen auf dem bekleideten Körper platziert und behutsam angeschlagen. Wie Wellen breiten sich die feinen Vibrationen spürbar nach und nach im gesamten Körper aus. Der besteht zum größten Teil aus Wasser und so werden Zellen, Körperflüssigkeiten, Gewebe, Organe und Körperhohlräume in **Schwingung** gebracht. Die sanften Klänge können muskuläre Spannungen lösen, die Durchblutung sowie den Lymphfluss anregen, die Selbstheilungskräfte mobilisieren und neue Energie freisetzen. Zusätzlich beruhigen die unterschiedlichen Obertöne den Geist und hinterlassen ein wohliges Gefühl von Geborgenheit.

Für mich!
Entspannung durch schwingenden Klang

Auch **Klangreisen** haben eine entspannende, harmonisierende und vitalisierende Wirkung. Die kleinen Kompositionen, die Wort, Klang und Schwingungen ganzheitlich miteinander verbinden, lassen die Zuhörer sanft zur Ruhe kommen. Mit bequemer Kleidung macht man es sich auf Gymnastikmatte, Decke und Kissen gemütlich und lässt sich auf eine klingende Fantasiereise ein. Sehen, Spüren, Riechen, Schmecken, Tasten, Hören – eine Klangreise **verbindet alle Sinne** zu einer wohltuenden meditativen Einheit. So werden Klangreisen zur Erholung vom Alltag, öffnen den Zugang zu ungenutzten Ressourcen, regen die Kreativität an und schaffen einen gesunden Umgang mit Stress in unserer schnelllebigen Welt.

Klangerleben, Zellerhornstraße 7, 83233 Bernau am Chiemsee,
Tel. (01 76) 62 20 64 30, www.klangerleben.com

39 *Meine Kraftquelle*

KUNSTVOLLES BAUWERK

Romantisch in die hügelige Voralpenlandschaft eingebettet, verzückt die ehemalige Wallfahrtskirche St. Florian mit kunstvollen Altären.

Egal zu welcher Jahreszeit man diesen einmaligen Ort aufsucht: Die kleine Kirche auf dem Hügel gleicht fast immer einem wunderschönen Gemälde! Inmitten sattgrüner Wiesen im Frühjahr, vom goldenen Lichterglanz des Spätsommers umhüllt oder umgeben von einer weiß glitzernden Winterlandschaft – **St. Florian** zeigt sich facettenreich. Doch nicht nur von außen gibt das Kleinod, das auch entlang der Sankt-Florians-Runde der Frasdorfer Ortsgeschichten-Wanderwege erwandert werden kann, ein wundervolles Bild ab! Die vermutlich Anfang des 15. Jahrhunderts erbaute Kirche hat eine bewegte Geschichte hinter sich. Ihr Ursprung findet sich etwas abseits des eigentlichen Gotteshauses an der **Brunnenkapelle.** Unter dem kleinen achteckigen Bau mit Zwiebelkuppel aus dem Jahr 1659 sprudelte einst eine Quelle, deren Wasser heilende Wirkung bei Augenleiden zugesprochen wurde. Nachdem die erste Kirche aufgrund der zunehmenden Wallfahrt schnell zu klein wurde, folgte um 1490 der Bau der jetzigen. Geweiht ist sie dem Heiligen Florian. Im Zuge der Säkularisation drohte der Wallfahrtskirche später das Aus, vor dem sie der damalige Schlossherr von Hohenaschau jedoch glücklicherweise bewahren konnte.

Für mich!
Ein Kleinod in traumhafter Voralpen-Kulisse

Wer die ursprünglich im Stil der **Spätgotik** erbaute Kirche betritt, wird vom kunstvollen Inneren in den Bann gezogen. Glanzpunkt ist der bemerkenswerte **Flügelaltar,** der um 1500 von einem unbekannten Meister geschaffen wurde und als einer der reichsten Flügelaltäre der oberbayerischen Spätgotik gilt. Die Schreinfiguren stellen St. Anna Selbdritt, St. Florian und St. Wolfgang dar, während auf den Flügelreliefs Szenen aus der Florianslegende zu bestaunen sind.

Da die Kirche ehrenamtlich betreut wird, ist sie nur von Mai bis September an jedem ersten Sonntag im Monat zwischen 14 und 17 Uhr geöffnet. Dann kann man einen Blick ins imposante Innere werfen und sogar an einer kostenlosen Kirchenführung teilnehmen.

Kirche St. Florian, 83112 Frasdorf,
www.frasdorf.de

40 *Meine Kraftquelle*

KARIBISCHER SONNENUNTERGANG

Lockeres Ambiente und traumhafter Ausblick: Die Beach Bar am Chiemsee-Strand in der Feldwieser Bucht ist perfekt für den Sonnenuntergang am Bayerischen Meer.

Am Abend, wenn die Sonne langsam am Horizont verschwindet und den Himmel noch einmal in die schönsten Farben taucht, ist es Zeit für einen gemütlichen **Sundowner.** Zu den besten Adressen für den krönenden Abschluss eines schönen Sommertages zählt definitiv die **Beach Bar.** Direkt am südöstlichen Ufer des Chiemsees gelegen, weht hier ein Hauch von Karibik durch die Luft. An der mit Liebe zum Detail eingerichteten Strandbar gibt es nahezu alles, was das Herz begehrt – vom kühlen Bier bis zu leckeren Süßkartoffelpommes. Und versorgt wird man dabei auch noch von einem freundlichen Team.

Bequeme Sitzmöbel laden dazu ein, sich in der offen gestalteten Strandbar niederzulassen. Wer es sich in einem der kostenfreien **Liegestühle** bequem machen möchte, sollte allerdings rechtzeitig da sein, denn die Beach Bar lockt in den Abendstunden zahlreiche Urlauber wie Einheimische an den See. Für ein Plätzchen direkt am Wasser lohnt es sich auch, eine Decke einzupacken und auf dem feinen **Sandstrand** ein kleines Picknick aufzubauen. Wenn dann zu entspannten Reggae-Klängen im Ohr und einem sommerlichen Cocktail in der Hand der leuchtend rote Sonnenball im Bayerischen Meer versinkt, ist die Stimmung perfekt. Und auch wenn der Ausblick einfach traumhaft schön ist – wer für einen kurzen Moment die Augen schließt, fühlt sich hier wirklich wie im Paradies.

Für mich!
Perfekt für den Sommerabend mit Freunden

Nach Einbruch der Dunkelheit knistert zwischen den Sitzgruppen meist ein **Lagerfeuer,** das für noch mehr Romantik und angenehme Wärme in kühlen Sommernächten sorgt. Bis spät in die Nacht lässt sich dann das **karibische Flair** der Beach Bar mit Blick auf Berge und See genießen.

Die chillige Beach Bar hat übrigens das ganze Jahr über geöffnet und ist auch in den Wintermonaten einen Besuch wert. Dann werden zum romantischen Sonnenuntergang feine Heißgetränke serviert – nach Wahl ohne oder mit Alkohol.

Beach Bar Übersee, Julius-Exter-Promenade 31, 83236 Übersee

BEACH BAR
Dahoam is wo der See is
BEACH
BAR
SUP
VERLEIH
CHIEMSEE
SUP
ÜBERSEE

41 *Meine Kraftquelle*

EINZIGARTIGE KUNSTWERKE

Bei einer kunstvollen Auszeit im Malstudio von Paint Your Style in Inzell werden die eigenen Ideen auf Lieblingsstücken aus Keramik verewigt.

Den Kopf ausschalten, Pinselstrich für Pinselstrich zur Ruhe kommen und mit den eigenen Händen etwas Einzigartiges schaffen – das klingt nach einer gelungenen kreativen Erfahrung. In der lockeren Atmosphäre des **Keramikstudios** von Paint Your Style kann man der individuellen Kreativität freien Lauf lassen und beim Bemalen von Tassen, Tellern, Schalen, Dosen oder Schildern in den künstlerischen Flow finden.

Schritt für Schritt zum Unikat: Aus mehr als 300 verschiedenen Keramikformen wird zunächst das gewünschte Stück ausgesucht. Wer schon weiß, wie er seine Keramik gestalten möchte, wählt direkt aus zahlreichen Farbtönen die passenden Farben aus. Wer aber noch ein paar Impulse braucht, findet in den Regalen vielfältige Inspirationen und Motivideen samt Vorlagen, Schablonen und vielem mehr, mit denen die schlichten weißen **Keramikrohlinge** verziert werden können. Eine kleine Einführung in die verschiedenen **Maltechniken** gibt es natürlich auch. Nun wird es bunt! Mit Pinseln und Stempeln wird die Keramik bemalt. Stück für Stück entsteht so ein wunderschönes **Unikat.** Egal ob versierte Künstlerin oder Mal-Anfänger: Mit Unterstützung des lieben Paint Your Style-Teams haben alle Spaß an der Sache und feiern schnell Erfolgserlebnisse. Das Team übernimmt auch die letzten beiden Schritte: Die fertige Keramik wird von den Profis sorgfältig per Hand glasiert und anschließend bei über 1000°C gebrannt, damit sie lebensmittelecht, wasserdicht und alltagstauglich ist. Nach ein bis zwei Tagen sind die individuellen Schmuckstücke bereit zum Abholen.

Zu Hause noch kurz in die Spülmaschine und schon kann man den ersten Kaffee aus der selbst gestalteten Tasse oder das erste Stück Kuchen vom handbemalten Teller genießen! So holt man sich direkt ein paar Glücksgefühle in den Alltag und kann in schönen Erinnerungen schwelgen. Aber Vorsicht: Einmal ausprobiert, macht Keramikbemalen schnell Lust auf mehr!

Für mich!
Kreative Auszeit mit feinem Keramikhandwerk

Paint Your Style, Traunsteiner Straße 6, 83334 Inzell,
Tel. (0 86 65) 5 22 98 58, www.paintyourstyle.eu/category/inzell-de/

Entschleunigung und Achtsamkeit

Gedanken handschriftlich zu Papier bringen

Kommunikation und Organisation funktionieren heute fast ausschließlich digital. Trotz der Vorteile der neuen Medien lohnt sich die Wiederentdeckung des Handschriftlichen. Denn mit Stift und Papier zu arbeiten ist Ausdruck unserer Persönlichkeit und ein wunderbar sinnliches Erlebnis, bei dem die unterschiedlichen Materialien und Gewichte sowie die Bewegungen des Körpers gefühlt werden. Mit der Hand zu schreiben, führt zu besseren, kreativeren Texten und stärkt die Konzentration sowie das Gedächtnis, denn die komplexe Bewegung aktiviert beide Gehirnhälften gleichzeitig. Das langsame und achtsame Schreiben mit einem Füllfederhalter oder Kugelschreiber wirkt sich zudem positiv auf die Lebensqualität aus. Und nicht nur man selbst profitiert: Wer anderen eine handgeschriebene Botschaft zukommen lässt, schafft Vertrauen und zeigt Wertschätzung – Anlässe zum Schreiben gibt es mehr als genug. Folgende Methoden helfen dabei, eine Schreib-Routine in den Alltag zu integrieren.

Aus dem Kopf aufs Papier

Jeder Tag bringt neue Aufgaben mit sich, die oft ununterbrochen in unserem Kopf ihre Kreise ziehen. Überfüllte Kalender und endlose To-do-Listen lassen sich mit Hilfe eines Bullet Journals strukturieren: ein Notizbuch, das all unsere Gedanken und Aufgaben an einem Ort vereint. So kann nichts vergessen werden. Da jeder Dinge anders angeht, kann auch die Selbstorganisation mit einem Bullet Journal nach den eigenen Bedürfnissen, Vorlieben und Interessen gestaltet werden. Orientierung gibt das System von Ryder Carroll. So wird aus einem leeren Notizbuch ein individuelles Bullet Journal, in dem Termine, Listen und Notizen, aber auch Wochenrückblicke, Gedanken, Zitate, Fotos oder Verzierungen Platz finden. Für mehr Ordnung und gedankliche Ruhe, aber auch mehr Kreativität im Alltag.

Der Weg zum Glück

Wissenschaftler haben herausgefunden, dass es das eigene Wohlbefinden und Glücksgefühl steigert, wenn man sich jeden Tag dankbare Momente bewusst macht und diese in einem Dankbarkeitstagebuch notiert. Kleiner Aufwand, große Wirkung: Es reicht schon, abends drei kurze Gedanken oder Stichworte in einem Büchlein oder auf einem Notizblock festzuhalten, für die man an diesem Tag dankbar ist. Schöne Dinge, die man gesehen, gefühlt oder erlebt hat, oder Momente, die einen zum Lachen gebracht und Spaß gemacht haben. Durch den achtsamen Fokus auf die positiven Momente und Gedanken ebnet man sich Wort für Wort den Weg zum Glück.

Buchstabenkunst

Mit etwas Geduld und kreativem Feinsinn lassen sich die Kalligrafie, die Kunst des schönen Schreibens, oder das modernere Handlettering erlernen. Die kunstvoll verzierten Schriften versetzen den Betrachter schon beim Ansehen und Verfolgen der Linien in Ruhe und Gelassenheit. Wer sich intensiver mit dem Schönschreiben befasst, entdeckt auch seine meditative Seite: Buchstabe für Buchstabe legt man die Hektik des Alltags ab und taucht voller Konzentration in den Zauber des Dreiklangs aus Feder, Tinte und Papier ein.

42 *Meine Kraftquelle*

ALLES IM FLUSS

Sich einfach mal treiben lassen: Bei einer ruhigen Floßfahrt durch das Obere Alztal taucht man in die unberührte Flusslandschaft der Alz ein.

Im dichten Röhricht ruft ein Blässhuhn, Libellen tanzen über die glitzernde Wasseroberfläche, hier und da säumen knorrige Weiden das Ufer – die urwüchsige **Flusslandschaft der Alz** ist ein Paradies. Der einzige Abfluss des Chiemsees führt auf 63 Kilometern durch eine der schönsten Landschaften Oberbayerns. Ein Teilstück kann man bei einer **erholsamen Floßfahrt** entdecken.

Das Floß, das kurz vor dem Ablegen noch in Einzelteilen vom Traktor gehievt und vor Ort von flinken Händen in Windeseile zusammengebaut wurde, bietet Platz für bis zu 30 Personen. An heißen Tagen spendet ein großes Segel angenehmen Schatten. Und schon geht es los. Der **einmalige Naturgenuss** ist es, der viele an der Alz reizt. Da es unmittelbar am Ufer keine Wege gibt, ist eine Bootstour die einzige Möglichkeit, die unberührte Flusslandschaft hautnah zu erleben. Das langsame Fließen des Wassers, die wohltuende Ruhe, die stetig vorbeiziehende Landschaft – in einem Ambiente wie diesem stellt sich die Entschleunigung automatisch ein. So ist man nur damit beschäftigt, dazusitzen und zu schauen.

Für mich!
Entschleunigung auf der idyllischen Alz

Eine spezielle Variante ist die naturkundliche Floßfahrt. Dann gleitet man bei Tagesanbruch oder in der Abenddämmerung lautlos die Alz hinunter. Im grün schimmernden Schilf tummeln sich zahlreiche Wasservögel und im Fluss lassen sich Forellen, Karpfen oder Barben erspähen. Gemeinsam mit kundigen **Chiemsee-Naturführern** lernt man die artenreiche Pflanzen- und Tierwelt näher kennen, nimmt Wasserproben unter die Lupe und geht den „wachsenden Steinen“ auf den Grund.

Die Floßfahrten zwischen Seebruck und Truchtlaching finden nur von 1. Juli bis 1. Oktober statt, denn während der Brutzeit der teils seltenen Wasservögel ist das Befahren des Flusses verboten. Je nach Wasserstand und Tour dauern die Ausflüge zwischen 2 und 5 Stunden.

Tourist-Information Seebruck, Römerstraße 10, 83358 Seeon-Seebruck, Tel. (0 86 67) 71 39, www.seeon-seebruck.de

43 *Meine Kraftquelle*

WIEGE DES EISSPORTS

Der Frillensee ist ein besonderer Ort. Inmitten der Chiemgauer Alpen ist der See vor allem im Winter ein herrlicher Kraftplatz zum Auftanken.

Vom Forsthaus Adlgaß geht es rund 45 Minuten zu Fuß durch den zauberhaften Bergwald hinauf auf fast 1000 Meter Höhe. Unterhalb der schroffen Felswände von Zwiesel, Gamsknogel und Hochstaufen ruht er, der **Frillensee.** Das Relikt der letzten Eiszeit ist beim Abschmelzen der mächtigen Gletscher entstanden. Einst fast 800 Meter lang, misst der Bergsee heute noch rund 300 Meter Länge. Am Nordufer geht er in **Hochmoore** und Feuchtwiesen über, die in der warmen Jahreszeit voller seltener, bunt blühender Blumen und Orchideen sind. Dazwischen tummeln sich zahlreiche Insekten, Vögel und Salamander. Rund um den See verläuft ein kleiner Waldweg und immer wieder laden Bänke dazu ein, eine Pause zu machen.

Für mich!
Krafttanken am kristallklaren Frillensee

Schon im Sommer ist das idyllische Kleinod mit seinem **kristallklaren Wasser** ein einzigartiges Ausflugsziel, doch im Winter strahlt der eisige Bergsee eine ganz besondere Magie aus.

Hier oben in den Bergen, rund 5 Kilometer östlich des Dorfzentrums, liegt die Wiege des Inzeller **Eisschnelllaufs.** Kein Wunder, denn der See gilt als einer der kältesten Seen Europas und besitzt meist schon im November eine tragfähige Eisdecke. Das Besondere: Der Frillensee friert nicht wie üblich vom Rand her, sondern von der Mitte aus zu. Im Januar 1960 war der Bergsee im ewigen Winterschatten des Zwiesel Schauplatz der Deutschen Meisterschaften und Tausende Menschen pilgerten zu Fuß hinauf. Wegen der extremen Witterungsbedingungen am Frillensee errichtete man für den Kufensport wenige Jahre später unten im Ort eine Kunsteisbahn. Diese wich 2010 wiederum der Max-Aicher-Arena, eine der modernsten Eissporthallen der Welt. Auch wenn der See heute nurmehr im Namen des Eislaufklubs DEC Inzell-Frillensee verankert ist, bleibt der Frillensee ein ganz besonderer Ort. Ein Platz, an dem man die einzigartige Natur genießen, wunderbar entschleunigen und im Schatten der Bergriesen den Alltag vergessen kann.

Frillensee, Wanderparkplatz Adlgaß, 83334 Inzell

WERTVOLLES VOM FELD

Gutes aus der Natur: Julia Reimann und Stefan Schmutz von Chiemgaukorn bringen mit ökologischer Landwirtschaft alte Getreidesorten zurück auf den Teller.

Natürliche, schonend verarbeitete Lebensmittel, die inmitten der Chiemgauer Natur gewachsen sind – dafür steht **Chiemgaukorn.** Mit ihrem ökologischen, bodenschonenden Anbau wollen die Gründer nachhaltig im Einklang mit der Natur wirtschaften und dabei Vielfalt bewahren – auf dem Feld und auf dem Teller. Deshalb haben sich Julia und Stefan neben dem Anbau von klassischen Getreidearten wie Weizen, Roggen, Dinkel oder Hafer dem Erhalt längst vergessener Sorten wie Einkorn, Emmer oder Braunhirse verschrieben. Das ist nicht nur ein Gewinn für die Umwelt, sondern auch für den Menschen – die **alten Kulturpflanzen** bereichern unseren Speiseplan mit wertvollen Inhaltsstoffen.

Für mich!
Genussmomente mit feinsten Lebensmitteln

Urgesund: Zu den Spezialitäten von Chiemgaukorn zählt der **„Bayerische Reis“.** Die Getreidemischung aus Emmer, Einkorn und Urdinkel lässt sich – ähnlich wie der „echte“ Reis – vielseitig einsetzen, zum Beispiel als Beilage, als Füllung von Zucchini oder Tomaten, als Risotto, als Suppeneinlage oder in Bratlingen. Dabei punktet der Bayerische Reis mit seinem nussigen Geschmack, einer hohen Nährstoff- und Mineralstoffdichte sowie seinem Eiweißgehalt.

Auf dem Hof von Chiemgaukorn in Weiding bei Trostberg dreht sich alles um feinste Lebensmittel. Im **Hofcafé** oder bei verschiedenen Kursen kann man sich auf den Geschmack bringen lassen und Köstlichkeiten aus Urgetreide probieren. Egal ob Frühstück, Mittagessen oder Kaffee und Kuchen – die Leckereien sind allesamt vegetarisch, oft auch vegan und getreu der Chiemgaukorn-Philosophie in bester Bioqualität.

Gut gestärkt kann man dann im hübschen **Hofladen** stöbern. Dort findet man alle Produkte von Chiemgaukorn wie ganze Getreidekörner, unterschiedlich fein gemahlene Mehle, Grieß, Nudeln, Linsen, den Bayerischen Reis, Koch- und Backmischungen, frisch gepresste Öle und feine Sachen für ein schönes Zuhause.

Chiemgaukorn, Weiding 2, 83308 Trostberg,
Tel. (0 86 21) 80 69 96 2, www.chiemgaukorn.de

bio Produkte
Chiemgaukorn
Bio
'Bayerischer Reis'
Urgetreide-Mix
Nussig-würzige Mischung aus den
Urgetreiden Emmer, Einkorn und Urdinkel.
Zu verwenden wie Reis. 100% eigene Ernte.
500 g
Aus eigener bayerischer Ernte

45 *Meine Kraftquelle*

KELTISCHE ZEITREISE

Einst lebten sie in ganz Mitteleuropa: die Kelten. Sie bauten Städte und betrieben Handel. Im Keltengehöft in Stöffling kann man sich auf Spurensuche begeben.

Die Region um Seeon-Seebruck nördlich des Chiemsees ist ein uraltes Siedlungs- und Kulturland. Am Rande des kleinen Ortes Stöffling erwacht seit vielen Jahren die Kelten- und Römerzeit zu neuem Leben. Auf dem **Moränenhügel,** auf dem einst Überreste einer keltischen Siedlung gefunden wurden, steht heute ein rekonstruiertes **keltisches Gehöft.** Hier können Besucher eine Zeitreise unternehmen und die Lebenswelt unserer Vorfahren erkunden.

Von Sonnenauf- bis Sonnenuntergang kann das Keltengehöft ganzjährig bei freiem Eintritt besichtigt werden. Nachempfunden wurde eine frühe menschliche Ansiedlung aus der La-Tène-Zeit zwischen Mitte des 3. Jahrhunderts und dem 1. Jahrhundert vor Christus. **Archäologische Funde** zeugen von der ausgeprägten Kultur und hoch entwickelten sozialen Struktur der Kelten. Sie betrieben nicht nur ein weit verzweigtes Handelsnetz über ganz Europa, sie waren auch hervorragende Handwerker. Die vier Gebäude aus der jüngeren Eisenzeit wurden in unterschiedlichen Bauweisen errichtet, um die Bandbreite der keltischen Baustile abzudecken.

Für mich!
Geschichte der La-Tène-Zeit hautnah erleben

Eine besondere Bedeutung in der keltischen Kultur hatten **Bäume.** Sie waren als Sitz der Götter heilig und bildeten häufig den Mittelpunkt des Stammes. In ihrem Schatten wurde Recht gesprochen. Faszinierende Mythen über den Stellenwert der Bäume für unsere Vorfahren erfährt man auf dem Baumweg, der von Seebruck zur keltischen Siedlung nach Stöffling führt. Das Keltengehöft ist zudem Teil des 23 Kilometer langen und elf Stationen umfassenden Archäologischen Rundwegs durch die Gemeinde Seeon-Seebruck. Noch tiefer in die Geschichte führt das **Römermuseum „Bedaium"** in Seebruck mit zahlreichen Funden aus prähistorischen und frühgeschichtlichen Zeitabschnitten. Auch keltische Münzen und Gewandspangen, sogenannte Fibeln, die an Stelle der einstigen Siedlung entdeckt wurden, können hier bewundert werden.

Keltengehöft Stöffling, Stöffling, 83376 Truchtlaching, Tel. (0 86 67) 71 39, www.seeon-seebruck.de

46 *Mein Tag Urlaub*

FERNÖSTLICHE NATUR-OASE

Gerade in der warmen Jahreszeit zeigt sich der Wellnessgarten in Waging von einer besonderen Seite. Aber auch im Winter ist er ein Eldorado für Saunagänger.

Saunafans schweben im **Wellnessgarten** auf Wolke sieben, denn genauso viele Saunen stehen hier zur Auswahl. Für einen sanften Einstieg eignen sich die niedrig temperierten Saunen wie die Biosauna mit vitalisierendem Bergkristall und Blick in den **Zengarten,** die wohltuende Kräutersauna oder die herrlich duftende Heubodensauna. Das milde Brechelbad mit seinem erfrischenden Tannenzweig-Aroma ist eine Wohltat für die Atemwege, während im Dampfbad die Haut mit einem Ganzkörperpeeling mit Salinensalz verwöhnt wird. Für tiefenentspannte Muskeln sorgt die Infrarot-Sauna und auch die Zirbenholzsauna fördert die Regeneration. Das Highlight für routinierte Saunagänger: die finnische Heilstein-Sauna. Für Abkühlung sorgen die beiden **Naturschwimmteiche** in der Mitte des nach den Feng-Shui-Prinzipien angelegten Zen- und Sinnesgartens. Zwischen Schilf und Seerosen, umgeben von Riesenmohnblumen, Schwertlilien und den Klängen der Natur, heißt es eintauchen und abschalten. Nach dem erfrischenden Bad laden kleine Ruheräume und **Schwebeliegen** zu einer Pause ein. Oder man macht es sich in den Ratschecken gemütlich und hält einen Plausch. Abgerundet wird der erholsame Wellnesstag von einer Massage, einer Klangschalenmeditation, einer Kosmetikanwendung oder einer speziellen Softpack-Anwendung – Entschleunigung und Vitalisierung pur.

Für mich!
Perfekt für einen persönlichen Verwöhntag

Auch in Sachen **Kulinarik** geht es im Wellnessgarten entspannt zu, denn im Restaurant darf vom Frühstücksbuffet bis zum Feinschmeckermenü alles im flauschigen Bademantel genossen werden. Wer länger bleiben möchte, bucht sich im angeschlossenen Wellnesshotel ein und genießt einen Kurzurlaub für die Seele. Bleibt nur die Frage: lieber im Sommer oder Winter? Die Entscheidung fällt schwer! Während in den warmen Monaten die einzigartige Natur-Oase verzaubert, locken in der kalten Jahreszeit beheizte Betten im Außenbereich und ein belebendes Bad im Eisloch.

Wellnessgarten, Am See 7–9, 83329 Waging am See,
Tel. (0 86 81) 98 45, www.wellness-hotel-tennis.de

Guten Fußes unterwegs

Wellness für gesunde und schöne Füße

Unsere Füße tragen uns täglich durchs Leben – und doch kommen sie oft zu kurz. Zeit, sie neben der regelmäßigen Pediküre mit einer Extraportion Aufmerksamkeit zu belohnen. Mit diesen Tipps lässt sich Wellness für die Füße leicht in den Alltag integrieren:

Fußbad: Entspannung pur

Eine kurze Auszeit für die Füße verspricht ein belebendes oder pflegendes Fußbad, zum Beispiel mit Rosmarin oder Lavendel. Gegen müde und geschwollene Füße hilft die Zugabe von Meersalz. Etwa 2 Löffel ins warme Wasser geben und 15 bis 20 Minuten genießen. Besonders schnell und einfach lässt es sich mit einem Zusatz aus der Drogerie oder der Apotheke umsetzen. Fußbäder sorgen übrigens zu jeder Jahreszeit für Entspannung! Während sich im Sommer ein kühlendes Fußbad anbietet, ist es im Winter eine warme Wohltat.

Fußpeeling: mehr Geschmeidigkeit

Für samtweiche Haut sorgt ein Fußpeeling. So werden abgestorbene Hautschüppchen sanft entfernt und die Füße geschmeidig. Einfach eine haselnussgroße Menge Peeling, zum Beispiel auf Meersalz- oder Rohrzucker-Basis, auf den Füßen verteilen und in kreisenden Bewegungen einmassieren. Anschließend mit Wasser abspülen. Um die Füße mit Feuchtigkeit zu versorgen, das Eincremen nicht vergessen.

Fußmassage: vitalisierende Pause

Strapazierte Füße freuen sich über eine wohltuende Massage. Für eine besonders wirkungsvolle Massage sucht man am besten einen Profi auf. Aber auch zu Hause kann man seinen Füßen ein Verwöhnprogramm gönnen. Zur Vorbereitung eignet sich ein Fußbad. Das sorgt für saubere Füße, regt die Durchblutung an und lockert die Muskeln. Für die Massage setzt man sich dann gemütlich hin und legt den zu massierenden Fuß über das Knie des anderen Beins. Wichtig ist, bequem an den Fuß zu kommen, um sich entspannen zu können. Nun die Füße mit einem Massageöl oder einer Lotion einreiben und mit sanftem Druck sowie kreisenden Bewegungen angenehm massieren. Nach der Massage die Füße etwas hochlegen und warm halten.

Barfuß gehen: stimulierendes Training

Oft stecken Füße in zu großen, zu kleinen oder zu schmalen Schuhen. Deshalb ist Barfußgehen pure Wellness für strapazierte Füße. Die natürlichste Form der Fortbewegung hat besonders viele positive Effekte auf die Fußgesundheit – am besten in der freien Natur. Durch Kiesel, Moos, Sand, Gras oder Laub werden die Füße mit unterschiedlichen Reizen konfrontiert und die Fußmuskulatur wird vielfältig trainiert. In vielen Orten gibt es mittlerweile Barfußpfade, die beim Gehen die Durchblutung fördern, die Konzentration schulen, den Gleichgewichtssinn trainieren sowie den kompletten Bewegungsapparat und das Immunsystem stärken. Auch wenn es beim ersten Mal ordentlich kitzelt, dranbleiben lohnt sich: Mit jedem Barfußlaufen wird die Fußsohle unempfindlicher. Es muss aber nicht gleich ein Barfußpfad sein: Auch durch häufigen Schuhwechsel und kleine Übungen wie dem Rollen des Fußes über einen Massageball oder dem Greifen von kleinen Gegenständen mit den Zehen anstatt der Finger lassen sich die Füße stärken.

DEM HIMMEL SO NAH

Mit Kunst und atemberaubenden Ausblicken lockt der 1645 Meter hohe Rauschberg bei Ruhpolding und fasziniert mit Werken von Angerer dem Jüngeren.

Gerade einmal 6 Minuten dauert die Fahrt mit der **Rauschbergbahn** hinauf in die Chiemgauer Bergwelt. Im Sommer herrscht hier buntes Treiben. Drachen- und Gleitschirmflieger starten in nahezu alle Himmelsrichtungen, Bergsteiger erkunden die vielfältigen Wanderwege und Genießer lassen sich bei einem köstlichen Kaiserschmarren im Rauschberghaus vom traumhaften Panorama in den Bann ziehen. Mit dem Einzug der kühlen Tage wird es wieder still auf dem Rauschberg. Dann verwandelt sich der „grüne Berg" in einen besinnlichen Kraftort inmitten der Alpen.

Doch egal ob Frühling, Sommer, Herbst oder Winter – die wohl **höchstgelegene Kunstmeile** des Landes ist zu jeder Jahreszeit ein Highlight. Schon in der Bergstation der Rauschbergbahn gibt es in der Gemäldegalerie erste Kunstwerke von **Angerer dem Jüngeren** zu bewundern. Draußen lassen sich bei einem aussichtsreichen Spaziergang dann zahlreiche Skulpturen des oberbayerischen Künstlers entdecken. Die beiden bekanntesten Werke auf dem Rauschberg sind der „Himmelskletterer" und „Adams Hand". Beide Skulpturen wurden von Walter Angerer, auch Angerer der Jüngere genannt, in der Fraßbildtechnik geschaffen. Hierbei kreiert der Künstler in seinem Atelier zunächst kleinere Prototypen aus Holz, anhand derer schließlich die großen Skulpturen aus Stahl realisiert werden.

Für mich!
Kunstmeile in luftiger Höhe

Nicht ganz 8 Meter misst **„Adams Hand"**, die zum umsichtigen Umgang mit der Natur mahnt. Inspiriert durch Michelangelos Kunstwerk in der Sixtinischen Kapelle zeigt die Skulptur auf dem Rauschberg wie eine Kompassnadel in Richtung Rom. Der **„Himmelskletterer"** hingegen stellt den Extremkletterer Alexander Huber, den jüngeren der berühmten „Huaba-Buam", in Lebensgröße dar. Mit der fiktiven Kletterszene weist die Stahlskulptur auf das menschliche Streben hin: immer höher hinaus. Vielleicht der perfekte Ort, um bewusst einmal einen Gang zurückzuschalten und zur Ruhe zu kommen.

Rauschbergbahn, Knogl 12, 83324 Ruhpolding,
Tel. (0 86 63) 59 45, www.rauschbergbahn.com

BAYERN HAUTNAH ERLEBEN

Ein Teil der Deutschen Alpenstraße verläuft durch die herrliche Voralpenlandschaft des Chiemgaus und verspricht eine aussichtsreiche Auszeit.

Auf 484 Kilometern führt die **Deutsche Alpenstraße** von Lindau am Bodensee bis nach Schönau am Königssee. Die historische Route verbindet dabei die bekanntesten Sehenswürdigkeiten des Landes und bietet Gelegenheit, **Landschaft, Kultur und Geschichte** in einem einzigartigen Dreiklang zu erleben. Urige Bauerndörfer und historische Städte, geschichtsträchtige Burgen und Klöster sowie eindrucksvolle Landschaften säumen die Route mit traditionellem bayerischem Kulturgut.

Vom Inntal kommend geht es zunächst nach Frasdorf, wo das Wanderparadies am Samerberg lockt. Auch das Bankerldorf Aschau im Chiemgau am Fuße der Kampenwand, der nächste Halt, lädt zum Wandern ein. Mit der **Kampenwandseilbahn** geht es nach oben, um den Blick über den Chiemsee zu genießen, ehe man Kurs auf Bernau am Chiemsee nimmt. Von der Schiffsanlegestelle in Felden wird das **Bayerische Meer** mit Herren- und Fraueninsel erkundet. Zurück an Land führt die Alpenstraße über Rottau und Grassau entlang der alten Soleleitung ins Achental hinein. An der Hochplatte, dem Hausberg von Marquartstein, starten die Drachenflieger zu ihrem Flug über die Alpen und auch in Unterwössen geht es hoch hinaus: Hier hat die Deutsche Alpensegelflugschule ihren Sitz. In den Bergen laden bewirtschaftete Almen zu einer kulinarischen Einkehr.

Für mich!
Auf historischer Route durchs Voralpenland

Bergauf geht es nun auch auf der Alpenstraße mit bis zu 12 Prozent Steigung. Am Scheitelpunkt des Masererpass angekommen, kann man es bis nach Reit im Winkl laufen lassen. Vorbei an der Winklmoosalm führt die Strecke durch **„Klein-Kanada“**. Das einzigartige Drei-Seen-Gebiet zwischen Reit im Winkl und der **Biathlonmetropole Ruhpolding** ist ein Eldorado für Aktivurlauber. Letzter Halt der Deutschen Alpenstraße im Chiemgau ist Inzell, bekannt für den Eisschnelllauf.

Tipp: Wer schon immer einmal mit einem Oldtimer fahren wollte, sollte sich für diese besondere Ausfahrt einen Automobil-Klassiker leihen!

Deutsche Alpenstraße, Tel. (0 80 25) 9 24 49 52, www.deutsche-alpenstraße.de

EIN PURES RADLVERGNÜGEN

Berge strahlen am Horizont, Wasser glitzert in der Sonne, Segelboote gleiten über den See – all das macht eine Radtour um den Chiemsee aus.

Die sanfte Uferlandschaft des Chiemsees ist perfekt für eine genussvolle Radtour. Unbestrittener Klassiker ist der **Chiemsee-Radweg.** Auf 59 reizvollen Kilometern führt er einmal ums Bayerische Meer. Mit etwa 150 Höhenmetern ist die Runde für alle normal trainierten Radfahrer gut zu bewältigen. Muss man an der ein oder anderen Stelle etwas kräftiger in die Pedale treten, wird man dafür prompt mit einer traumhaften Aussicht über den See und die Chiemgauer Alpen entschädigt. Wer es direkt von Anfang an entspannt angehen möchte und ein E-Bike nutzt, findet rund um den See ausreichend Ladestationen.

Unterwegs passiert man neun Orte: Übersee, Grabenstätt, Chieming, Seebruck, Gstadt, Prien und Bernau. Da es sich um einen Rundweg handelt, ist es egal, wo man die Radtour startet. Unterwegs laden Gaststätten, Biergärten, Cafés, Fischhütten und Beachbars zum Verweilen ein. Viele der **Einkehrmöglichkeiten** liegen wunderschön direkt am See. Ein Halt lohnt sich zudem an den Schiffsanlegestellen der **Chiemseeschifffahrt.** Wer möchte, macht von hier mit dem Schiff einen kurzen Abstecher auf die Herren- oder Fraueninsel. Neben vielen tollen Aussichtspunkten säumen auch zahlreiche Badeplätze den Chiemsee-Radweg. An heißen Tagen ist ein Sprung ins kühle Nass eine willkommene Erfrischung – also Badesachen nicht vergessen!

Für mich!
Mit dem Fahrrad einmal um das Bayerische Meer

Mit Wind in den Haaren und knirschendem Kies unter den Rädern: Wer die Wege über weite Strecken für sich allein möchte, sollte in den Sommermonaten am frühen Morgen starten und die Wochenenden meiden. Aber auch im Frühling und Herbst ist der Chiemsee-Radweg ein absoluter Genuss! Und sogar an schneefreien Wintertagen begegnet man hier dem ein oder anderen dick eingemummelten Radfahrer.

Dank der **Chiemsee-Ringlinie** muss man übrigens nicht unbedingt die ganze Strecke fahren. Der Bus mit Fahrradanhänger umrundet im Sommer ebenfalls den See und macht in jedem Ort entlang des Weges Halt.

Chiemsee Radweg, www.chiemsee-chiemgau.info

WELLNESSTAG IN DEN BERGEN

Im neu gestalteten Spa des Relais & Châteaux Gut Steinbach Hotel Chalets SPA in Reit im Winkl lässt sich ein herrlicher Wellnesstag verbringen.

Vor der einmaligen Kulisse der Chiemgauer Alpen kann man sich im **„Heimat & Natur SPA“** des Relais & Château Gut Steinbach Hotel eine erholsame Auszeit vom Alltag gönnen. Große Glasfronten, geradlinige Architektur sowie natürliche Farben und naturbelassene Materialien schaffen eine Wohlfühloase im Einklang mit der Umgebung.

Eintauchen und loslassen – wer den Tag mit Wassersport beginnen möchte, zieht am besten im 18 Meter langen **Indoor-Pool** ein paar entspannte Bahnen. Aus dem Wasser und rein in den Bademantel: Nach dem Schwimmen laden mehrere Ruheinseln zu einer Pause ein. Mit Bergblick und einem guten Buch in der Hand kann man es sich hier gemütlich machen. Wer sein Lieblingsbuch vergessen hat, schnappt sich in der Bibliothek einen dicken Schmöker und vergisst bei knisterndem Kaminfeuer die Welt um sich herum. Ruhe findet man auch in den drei Saunen sowie im **Dampfbad,** das dabei hilft, Körper, Geist und Seele wieder in Einklang zu bringen. Das i-Tüpfelchen eines rundum gelungenen Wellnesstages auf Gut Steinbach ist eine **verwöhnende Massage** oder wohltuende Körperbehandlung. Die professionellen Hände des Beautyteams sorgen in Kombination mit den natürlichen Produkten von Gertraud Gruber Kosmetik für ganzheitliche Wohlfühlmomente. Sportliche Spa-Gäste nutzen hingegen den Fitnessbereich oder nehmen an einer Yoga-Einheit teil. Im Sommer lädt die weitläufige Gartenanlage dazu ein, frische Luft zu tanken und ein Sonnenbad zu genießen.

Für mich!
Alpenländische Wellness zum Relaxen

Für einen ruhigen Start in den Spa-Tag sorgt das **Gutsfrühstück,** das auf Wunsch dazugebucht werden kann und mit seiner großen Auswahl die Herzen von Frühstücks-Liebhabern höherschlagen lässt. Einen krönenden Abschluss bildet ein Besuch des hauseigenen Restaurants Heimat, das mit drei unterschiedlichen Stuben begeistert. Jetzt fehlt nur noch eines: Unbedingt den Wunschtermin fürs Day Spa im alpenländischen Stil im Voraus reservieren.

Relais & Châteaux Gut Steinbach Hotel Chalets SPA, Steinbachstraße 10, 83242 Reit im Winkl, www.gutsteinbach.de

HÖCHSTER GENUSS

Einsteigen und genießen: Schon die Fahrt mit der nostalgischen Sesselbahn am Dürrnbachhorn ist ein Erlebnis. Der Fünfzigerjahre-Lift braucht seine Zeit!

Entschleunigung pur – bei einem Ausflug mit der **Nostalgie-Sesselbahn** am Dürrnbachhorn geht es gemächlich zu. Fast lautlos schwebt man, begleitet vom Duft der Alpenblumen und dem Zwitschern der Vögel, auf einem der historischen Sessel von der Winklmoosalm hinauf in die idyllische Chiemgauer Bergwelt. Stück für Stück rückt das Tal in weite Ferne und macht Platz für ein traumhaftes Panorama. Nach knapp 20 Minuten kommt man am Dürrnbacheck auf 1610 Metern an.

An der Bergstation stehen verschiedene Wanderwege zur Auswahl, die alle eines gemeinsam haben: das **eindrucksvolle Bergpanorama.** Die prächtige Aussicht erstreckt sich über die Gipfel der Berchtesgadener Alpen, die Loferer Steinberge, die Steinplatte sowie den Wilden Kaiser. Bei klarer Sicht lässt sich sogar der majestätische Großvenediger erblicken!

Für mich!
Kleine Zeitreise am Dürrnbachhorn

Kurz und knackig ist die Besteigung des Gipfels. Für den steilen Weg bis zum **Gipfelkreuz** auf 1776 Metern braucht man zwar nur etwa 20 Minuten, die haben es allerdings in sich. Wer es geschafft hat, wird mit einer einmaligen Fernsicht belohnt! Mittersee, Weitsee und Lödensee liegen den Wandernden zu Füßen, während rund herum markante Gipfel in den Himmel ragen. Zudem kann man bei dieser Wanderung Grenzen überschreiten, denn über den Gipfelgrat verläuft die Grenze zwischen Bayern und Salzburg. Gemütlich sind die Wanderungen zur **urigen Finsterbachalm,** dem Alpengasthof Möseralm oder zur Schwarzloferalm. Kulinarisch wird man auf dem Dürrnbachhorn also auch bestens versorgt. Wer nicht bis zu einer Alm wandern möchte, kehrt direkt an der Bergstation im Panorama-Wirtshaus Dürrnbachhorn ein und lässt sich auf der Sonnenterrasse regionale Schmankerl schmecken. Einen Ausflug aufs Dürrnbachhorn plant man am besten zwischen Juni und September, denn die Nostalgie-Sesselbahn ist nur während der Sommermonate bei schönem Wetter in Betrieb.

Nostalgiebahn Dürrnbachhorn, Dürrnbachhornweg 16, 83242 Reit im Winkl, Tel. (0 86 40) 81 48, www.nostalgiebahn.com

MÄRCHENHAFTE KÖNIGSINSEL

Weit über die Grenzen des Chiemgaus hinaus ist sie berühmt: die Herreninsel mit Schloss Herrenchiemsee, die mit stillen Winkeln und viel Natur verzaubert.

Die Herreninsel, die größte der drei Chiemsee-Inseln, wartet mit der wohl bekanntesten Sehenswürdigkeit des Chiemgaus auf: dem **Schloss Herrenchiemsee.** Das prunkvolle Werk des Märchenkönigs Ludwig II. sollte sein Vorbild Schloss Versailles noch übertreffen. Auch wenn es nie vollendet wurde, ist Herrenchiemsee mit seinem riesigen Spiegelsaal, dem atemberaubenden Marmor-Treppenhaus oder dem überraschenden „Tischlein deck dich" eine barocke Schönheit, die einen Besuch lohnt!

So zieht das **prächtige Märchenschloss** nicht ohne Grund Jahr für Jahr zahlreiche Besucher an und vor allem zur Hauptsaison ist viel los auf Herrenchiemsee. Was viele nicht ahnen: Abseits der klassischen Touristenpfade beeindruckt die Insel im Bayerischen Meer mit uralten Wäldern, steilen Ufern und wunderbar ruhigen Orten, an denen man die Seele baumeln lassen kann.

Für mich!
Die Herreninsel abseits des Trubels entdecken

Durch die sanfte Hügellandschaft der Herreninsel verlaufen drei malerische **Wanderungen.** Fernab des Schlosses streift man durch schattige Obstbaumalleen, Buchen- und Tannenwälder, macht Halt an versteckten **Picknick- und Badeplätzen** und lässt sich von großartigen Blicken auf Berge und See in den Bann ziehen. Alle Rundwege passieren zwar auch die kulturellen Highlights der Insel, doch jeder kann selbst entscheiden, ob er das prunkvolle Schloss, den idyllischen Schlossgarten und das ehemalige Chorherrenstift besichtigen möchte oder lieber tiefer in die Wälder wandert.

Königliche Ruhe und einen majestätischen Fernblick genießen Spaziergänger in der romantisch gelegenen Bucht Pauls Ruh. Etwas weiter, am **Aussichtspunkt** Ottos Ruh, steht ein kleiner Pavillon vor der beeindruckenden Kulisse der Chiemgauer Alpen. Ein besonderer Kraftplatz im nördlichen Teil der Herreninsel ist die kleine hellblaue Seekapelle aus dem Jahr 1697. Auch wenn das Innere des Schmuckstücks nicht zugänglich ist, so lädt sie dennoch zum Verweilen ein.

Schloss- und Gartenverwaltung Herrenchiemsee, 83209 Herrenchiemsee
Tel. (0 80 51) 68 87 90 0, www.herrenchiemsee.de

53 *Mein Tag Urlaub*

MIT DEM STROM

Sich einfach treiben lassen und den Sommer genießen – dazu lädt das Alzbad in Truchtlaching ein. Das Flussstrandbad schafft Platz für Ruhe.

In Truchtlaching, einem kleinen Erholungsort im verträumten Alztal, lässt sich die Sommerfrische noch wie früher genießen. Eingebettet in die Idylle des Dorfes liegt das **Alzbad.** Das einzige **Flussstrandbad** weit und breit lockt an schönen Sommertagen mit klarem, erfrischendem Wasser vor ländlicher Kulisse. Auf ihrem Weg vom Chiemsee zum Inn hat die Alz zwischen Seebruck und Truchtlaching eine besonders niedrige Fließgeschwindigkeit und bietet ideale Bedingungen zum **Baden und Entspannen.** Und das Beste: Der Zugang zum Alzbad ist das ganze Jahr über möglich und sogar kostenlos.

Für mich!
Erholen zwischen Dorfkirche und Strandbad

Hier kann man sich mit dem Zwitschern der Vögel, dem sanften Rauschen des Wassers und dem Rascheln des Schilfs im Ohr auf der Alz einfach treiben lassen, nahezu schwerelos dem natürlichen Lauf des Flusses folgend im Wasser gleiten und Tagträumen nachhängen. Sich anschließend auf einem der Stege ausruhen, die durch die Lüfte schwebenden Libellen an den ins Wasser hängenden Ästen beobachten und dann wieder zurück zum Strandbad spazieren. Auf der **großen Liegewiese** unter dem Blätterdach der riesigen Bäume entspannen und vom Ufer aus dem gemächlich dahinfließenden Wasser nachschauen, wie es hinter der nächsten Flussbiegung verschwindet. Die Zeit vergessen, sich von der Sonne wärmen lassen und im Anschluss erneut ins belebende Nass springen.

Wer seine Auszeit lieber inmitten bunten Treibens verbringen möchte, hält sich im Hauptbereich des Alzbades auf, der mit **Wasserspielplatz,** Tischtennis und Volleyball für Spaß sorgt. Hier gibt es auch einen Nichtschwimmerbereich und von Mai bis September werden die Badegäste im Kiosk nebenan mit leckeren Snacks und Getränken versorgt.

Den gemütlichen Flusslauf wissen übrigens auch zahlreiche Hobby-Kapitäne zu schätzen. Ab 1. Juli darf die Alz mit **Schlauchboot,** Kajak und Co. befahren werden. Ein Sprung ins Alzbad ist für viele die Krönung.

Alzbad Truchtlaching, Wehrländerstraße 1, 83376 Seeon-Seebruck, Tel. (0 86 67) 8 88 50, www.seeon-seebruck.de/baeder

54 *Mein Tag Urlaub*

EIN PLATZ AN DER SONNE

Der 1425 Meter hohe Unternberg ist der Freizeitberg Ruhpoldings. Sein Sahnehäubchen: das 2017 erbaute Restaurant Unternberg Alm mit Bergblick pur.

Sommers wie winters ist der Unternberg einen Ausflug wert. Doch egal für welche Jahreszeit man sich entscheidet, ein Muss ist ein Besuch der **Unternberg Alm!** Wer möchte, kann den Berg zu Fuß, mit dem Bike oder im Winter mit Schneeschuhen und Tourenskiern erklimmen. Wer es gemütlich angehen lässt, nimmt ganz bequem die **Sesselbahn.** Etwa 20 Minuten gleitet man gemächlich durch den schattigen Bergwald hinauf auf den Gipfel und lässt den Alltag hinter sich. Auf 1425 Metern angekommen, zieht einen das fantastische 360-Grad-Panorama in den Bann. Für eine Portion Gipfelglück wandert man von der Bergstation etwa 5 Minuten bis zur Spitze.

Für mich!
Genussvolle Bergzeit mit 360-Grad-Panorama!

Wer nur entspannten möchte, geht direkt zur Unternberg Alm. Die wurde vor wenigen Jahren neu errichtet und ist ein traumhafter Wohlfühlort. Holz sorgt für Gemütlichkeit und durch die großen Fensterfronten ist die umliegende Bergwelt zum Greifen nah. Sonnenanbeter machen es sich auf der großen Terrasse bequem. Bei traumhafter Aussicht, klarer Bergluft und mit einem leckeren Getränk in der Hand relaxt es sich gleich nochmal so gut.

Kulinarisch wird man mit einer **oimerisch-modernen Küche** verwöhnt. Die Karte ist voller bayerischer Schmankerl, die mal rustikal, mal modern interpretiert werden. Von Almrösti über Kaspressknödel, Ochsenfetzn und Bergbauernpizza bis zum Kaiserschmarrn ist für jeden etwas dabei! Ein Highlight ist das Frühstück am Berg, das es bis 11 Uhr gibt.

Bei schönem Wetter kann man donnerstags am Unternberg einen grandiosen **Sonnenuntergang** erleben, denn dann hat die Alm bis 22 Uhr geöffnet. Einziger Wermutstropfen: Anschließend geht es nurmehr zu Fuß zurück ins Tal. Inmitten der wunderschönen Kulisse finden im Sommer auch immer wieder **Live-Konzerte** statt. Und im Herbst, wenn sich die Blätter langsam verfärben und die Landschaft in ein gelb-oranges Farbenmeer tauchen, kann man am Unternberg den bayerischen „Indian Summer" erleben.

Unternberg Alm, Unternberg 1, 83324 Ruhpolding,
Tel. (0 86 63) 7 80 98 71, www.unternberg-alm.com

hausgemach
Kräuter
Eiste
WIENINGER BIER

55 *Mein Tag Urlaub*

KLEIN-KANADA

Wilde, ursprüngliche Landschaften erlebt man im Drei-Seen-Gebiet. Berge, Seen, Felsen und märchenhafte Wälder erinnern tatsächlich ein wenig an Kanada.

Vor rund 15.000 Jahren lagen die Chiemgauer Alpen unter einer dicken Eisschicht. Mächtige Gletscher formten auf ihrem Rückzug Berge, Täler, Wiesen und Wälder – und auch das atemberaubende **Drei-Seen-Gebiet.** Einer schöner als der andere liegen sie zwischen Ruhpolding und Reit im Winkl: Weitsee, Mittersee und Lödensee. **Klein-Kanada** nennen die Einheimischen liebevoll die eindrucksvolle alpine Seenlandschaft, die wohl eine der schönsten Kulissen überhaupt für eine Pause vom Alltag ist. Umgeben von schroffen Felsen und dunklen, mächtigen Bergwäldern strahlen die kristallklaren Bergseen in herrlichen Blautönen.

Die Schönheit und **Ursprünglichkeit** des Drei-Seen-Gebiets wird durch seine Lage im Naturschutzgebiet Östliche Chiemgauer Alpen bewahrt. Die umliegenden Bergwälder und Almflächen werden naturnah und nachhaltig bewirtschaftet. So versteht es sich fast von selbst, dass es hier weder Kiosk noch Kommerz gibt, sondern allein der **Naturgenuss** im Vordergrund steht. Gegen ein entspanntes Picknick umgeben von wilder Landschaft und grasenden Kühen spricht jedoch absolut nichts.

Für mich!
Zauber der Jahreszeiten im Drei-Seen-Gebiet

Im Sommer ist das klare Wasser der Gebirgsseen perfekt zum Baden. Und auch Wanderer und Radfahrer kommen hier voll auf ihre Kosten. Im Winter ist das Naturschutzgebiet ein Paradies zum Langlaufen und Winterwandern. Dann ziehen sich zahlreiche Loipen und präparierte Wege durch das verschneite Tal. Landschaftlich besonders eindrucksvoll ist der **Wechsel der Jahreszeiten.** Im Frühjahr und Herbst, wenn die Wälder in satten Farben leuchten oder mystische Nebelschwaden in der Luft hängen, kann man das kanadische Flair der Region in seiner vollen Pracht erleben.
Das Drei-Seen-Gebiet ist übrigens zu Fuß, mit dem Rad, dem Auto sowie den öffentlichen Verkehrsmitteln bequem erreichbar. Auch die Deutsche Alpenstraße läuft hier entlang.

Drei-Seen-Gebiet, 83242 Reit im Winkl,
www.chiemsee-chiemgau.info

56 *Mein Tag Urlaub*

EIN TAG AUF DEM MEER

Mit dem Boot lässt sich das Bayerische Meer vom Wasser aus erkunden. Die Möglichkeiten sind vielfältig – ob Inselumrundung, Badeausflug oder Bootspicknick.

Rund 80 Quadratkilometer misst das Bayerische Meer. Genug Platz, um einen sonnigen Tag auf dem Wasser zu verbringen. Mit einer leichten Brise im Gesicht kann man eine Runde auf dem **Chiemsee** schippern und sich in entlegenen Winkeln und Buchten von den verborgenen Naturschönheiten fernab des Trubels in den Bann ziehen lassen. Vom Kanu bis zur Segelyacht werden rund um den See verschiedenste Boote verliehen. Wer keinen Bootsführerschein hat, wählt zwischen **Ruderboot, Tretboot und Elektroboot.** Je nachdem, welches Ziel man verfolgt und ob man Muskelkraft investieren möchte oder nicht, findet jeder das passende Gefährt.

Eine wunderbare Tour sowohl für erfahrene Kapitäne als auch Schiffsneulinge ist eine **Inselumrundung.** Egal ob Herreninsel, Fraueninsel oder Krautinsel – vom Wasser aus lassen sich immer wieder neue Details entlang der Ufer entdecken. Während das Anlegen an der Herreninsel nicht gestattet ist, stehen an der Fraueninsel sogar Besucherstege zur Verfügung. So kann man den Bootsausflug mit einem Spaziergang über die Insel oder einem kulinarischen Zwischenstopp verbinden.

Für mich!
Leinen los auf dem Bayerischen Meer

Ein besonderes Erlebnis ist ein Ausflug auf den **Weitsee.** Inmitten der großen Seefläche hinter den Inseln liegt mit 74 Metern der tiefste Punkt des Chiemsees. Im Gegensatz zu den ufernahen Bereichen kann man in der wohl schönsten Kulisse der bayerischen Voralpen die Weite, Einsamkeit und Stille des Sees genießen.

Ebenfalls eine gute Wahl: ein Badetag auf dem Wasser. Fernab vom Treiben an Land kann man ungestört sonnenbaden, beim sanften Schaukeln der Wellen seinen Gedanken nachgehen und sich nach Lust und Laune im Wasser abkühlen. Die meisten Boote sind mit einer Badetreppe ausgestattet, einige lassen sich zudem mit wenigen Handgriffen in eine große Liegefläche umbauen – einfach beim Verleih nachfragen. Snacks und Getränke nicht vergessen, dann steht einem herrlichen Bootstag nichts im Weg.

Bootsverleih am Chiemsee,
www.chiemsee-chiemgau.info, verschiedene Anbieter rund um den See

SOPHIE
LIBELLE
NIXE
TS-8188

Achtsam durch den Tag

Der Weg zu einem entspannten Leben

Häufig übernimmt in unserem Leben der Autopilot. Wir hetzen gestresst und voller Sorgen von einem Termin zum nächsten und werden dabei immer unzufriedener. Das muss nicht sein! Der Weg zu einer positiven Lebenseinstellung und einem gelasseneren Alltag führt über die Achtsamkeit. Achtsamkeit bedeutet, Momente bewusst zu erleben, im Hier und Jetzt präsent zu sein und auf sich und seine innere Stimme zu hören, um das eigene Leben so zu gestalten, wie man es möchte. Mit verschiedenen kleinen Übungen lässt sich Achtsamkeit einfach in den Alltag integrieren. Besonders hilfreich sind dabei schöne Rituale, die dazu einladen, innezuhalten, neue Kraft zu tanken und das Leben zu genießen.

Eine Handvoll Bohnen

Für diese Übung steckt man sich eine Handvoll Bohnen in die linke Hosentasche. Bei jedem positiven Erlebnis wandert eine Bohne von der linken in die rechte Hosentasche. Das lenkt den Blick auf das viele Schöne, das einem widerfährt. Denn jeder Tag hält etwas Gutes für uns bereit.

Fünf Sinne

Wenn einem alles zu viel wird und man einfach nicht weiterweiß, hilft die 5-Sinne-Übung. Dazu kurz innehalten und alle fünf Sinne bewusst wahrnehmen: sehen, hören, fühlen, riechen, schmecken. Wer sich für einige wenige Sekunden nur darauf fokussiert, kommt ganz bewusst ins Hier und Jetzt. Stress und Anspannung fallen langsam ab und machen Platz für Ruhe und Klarheit.

Ein rohes Ei

Konzentration und Entspannung fördert die Ei-Übung. Dafür nimmt man sich ein rohes Ei und versucht, dieses aufzustellen. Die Übung verhilft zu mehr Achtsamkeit und lehrt dabei Gleichmut, denn auch wenn das Ei ständig umfällt, lernt man, damit umzugehen und es nicht zu bewerten.

Körperscan

Bei der Ganzkörper-Übung setzt oder legt man sich bequem hin und schließt die Augen. Nun lenkt man die Aufmerksamkeit auf den gesamten Körper und geht im Geist alle Körperteile einzeln durch. Man startet beim Kopf und wandert gedanklich über das Gesicht, die Schultern, Arme und Finger, den Rücken und den Bauch hinunter über die Beine und Füße bis zu den Zehen. Dabei spürt man in jedes Körperteil hinein und fragt sich, wie sich der Körper anfühlt. Ist er warm oder kalt, entspannt oder angespannt?

Eine Bank im Park

Oft nehmen wir unsere Umgebung nicht richtig wahr. Für diese Achtsamkeitsübung sucht man sich eine Bank im Park oder an einem belebten Platz und beobachtet das Treiben auf der Straße. Welche Menschen sind hier? Wie verhalten sie sich? Was passiert gerade? Noch mehr Spaß macht diese Beobachtungsübung übrigens zu zweit.

Kreative Auszeit

Eine effiziente Technik, um sich auf die Gegenwart zu fokussieren und die Gedanken zu ordnen, ist, ein Mandala auszumalen. Für diese Übung kann man sich entweder eine Vorlage aussuchen und mit Farbe füllen oder selbst ein Mandala kreieren. Das Gestalten erfordert neben der vollen Aufmerksamkeit auch Geduld und Zeit. So wird Stress reduziert und Entspannung gefördert.

57 *Mein Tag Urlaub*

SCHWARZES GOLD

Ein kräftiger Espresso, ein cremiger Cappuccino oder ein perfekter Latte Macchiato – bei KAVA coffee roasters dreht sich alles um die Welt des Kaffees.

Die Liebe zum Kaffee steht bei KAVA coffee roasters im Mittelpunkt. Die kleine **Kaffeerösterei,** deren Abenteuer 2016 in Traunstein begann, ist bekannt für ihren hochwertigen, biozertifizierten sowie fair und direkt gehandelten Kaffee. Den können Besucher in einem der mittlerweile vier eigenen **Coffeeshops** probieren – sowie im Ortszentrum von Chieming im Herzen des Chiemgaus.

Unweit vom Ufer des malerischen Chiemsees dreht sich alles um Kaffeebohnen, denn hier befindet sich auch die Rösterei des Familienbetriebs. Während drinnen die hochwertigen Bohnen veredelt und gekonnt zubereitet werden, lädt draußen ein gemütlicher Garten zum Kaffeetrinken und Ratschen in entspannter Atmosphäre ein. Das Team von KAVA liebt nicht nur guten Kaffee, sondern experimentiert damit auch gerne. Das Ziel: die **perfekte Röstung** und somit der **beste Geschmack.** Bei KAVA wird der Kaffee schonend in einer Langzeittrommelröstung veredelt. Die kleinen Rösttrommeln lassen dabei einen besonders bekömmlichen Kaffee entstehen und bieten gleichzeitig die Möglichkeit, einzigartige Aromen zu erschaffen.

Für mich!
Die Geheimnisse guten Kaffees lüften

Dass Kaffee nicht gleich Kaffee ist, merkt man selbst als Laie schnell. Kaffeesorten, Röstung, Mahlgrad, der perfekte Druck und eine nahezu unendliche Vielfalt bei der Zubereitung – da verliert man schnell den Überblick. Damit man sich auch zu Hause einen köstlichen Kaffee zaubern und den Alltag mit kleinen Genussmomenten versüßen kann, gibt es **Baristakurse.** In Kleingruppen wird dabei die Welt des Kaffees entdeckt. Neben Kaffeekunde, Brühmethoden, Espressomaschinen- und Mühlenkunde stehen auch Kaffee-Sensorik oder das Arbeiten am Siebträger auf dem Programm. Und natürlich darf das Sahnehäubchen nicht fehlen: Latte-Art, das Zaubern von kunstvollen Motiven aus Milchschaum. Und mit dem neu gewonnenen Wissen kann man sich zu Hause jederzeit selbst eine wunderbare kleine Kaffeepause gönnen.

KAVA coffee roasters, Stadtplatz 40, 83278 Traunstein,
Tel. (08 61) 20 54 31 76, www.kavacoffee.de

58 *Mein Tag Urlaub*

WERTVOLLES WASSER

Die Chiemgau-Thermen in Bad Endorf vereinen wohltuendes Thermalwasser mit einem vielfältigen Entspannungsangebot für einen relaxten Wohlfühltag.

Ob Baden, Sauna oder Wellness – die **Chiemgau-Thermen** zaubern mit abwechslungsreichen Wohlfühlmomenten den Alltag weg und machen Platz für Entschleunigung. Besonders die Kraft des Wassers erlebt man in der Jod-Thermalsole hautnah. Das **wertvolle Thermalwasser** entspringt in einer Tiefe von 4,2 Kilometern und ist reich an Jodid, Fluorid, Kochsalz und Mineralstoffen. Die einmalige Zusammensetzung der Thermalsole ist der wichtigste Grund für ihre wohltuende Wirkung. Wer hier eintaucht, erfährt etwas, das in der heutigen Zeit eher selten ist: nachhaltige Erholung. Denn über die Haut nimmt der Körper die wertvollen Bestandteile des Wassers auf, die dann ihre positive Wirkung entfalten.

Für mich!
Mit See- und Bergblick wunderbar relaxen

Bei einem Bad in der Thermenlandschaft schenkt das gesunde Thermalwasser Wärme und Wohlbefinden. Zur Auswahl stehen verschiedene Innen- und Außenbecken mit Wassertemperaturen bis zu 37 Grad. Wellness pur verspricht die **Felslagune,** die mit einer Felsgrotte mit Wasserfall, Sprudelliegen, einem Hexenkessel, Massagedüsen und einem Hot Water Pool begeistert.

In der Saunalandschaft stellt sich nur die Frage, welches Schwitzbad man zuerst besuchen möchte. Ob mild oder heiß, mit genussvollem Aufguss, duftendem Aroma oder hoher Luftfeuchtigkeit – in den Chiemgau-Thermen kommen sechs Saunen sowie zwei Dampfbäder in Frage. Saunagenuss vom Feinsten verspricht die **Panorama-Sauna,** wo man mit Weitblick über den Simssee und in die Bayerischen Alpen bei rund 85 Grad schwitzt.

Bereits seit der Antike wird die heilende Wirkung des Salzes geschätzt. In der **Totes-Meer-Salzgrotte** können die Besucher tief durchatmen, die reine ionisierte Luft genießen und dabei sanften Klangeffekten lauschen. Abschalten und die Seele baumeln lassen – das geht auch bei einer der angebotenen Wellness-Behandlungen. Belebende Massagen, pflegende Packungen oder wohlige Bäder runden den Wohlfühltag ab.

Chiemgau-Thermen, Ströbinger Straße 18, 83093 Bad Endorf,
Tel. (0 80 53) 20 09 00, www.chiemgau-thermen.de

DER DUFT VON BROT

Zwischen Chiemsee und Simssee liegt die Wagenstaller Mühle. Voller Leidenschaft für das Müllerhandwerk entstehen hier nicht nur Mehl und köstliche Brote.

Idyllisch liegt sie, die **Wagenstaller Mühle.** Für manch einen ein bisschen sehr weit ab vom Schuss. Andere wiederum finden an diesem paradiesischen Fleckchen Erde Ruhe, Entschleunigung und – wer sie bis dahin noch nicht hatte – eine neue Leidenschaft: Brot backen. Seit mehr als 1000 Jahren ist die Mühle ein Ort, an dem man willkommen ist und es nie langweilig wird – und so soll es laut Annelie Wagenstaller auch bleiben. Als Müllermeisterin betreibt sie im traditionsreichen Familienbetrieb das wohl schönste und älteste Handwerk der Welt. Daneben backt Annelie seit mehr als 30 Jahren leidenschaftlich gerne Brot. Ihr Wissen gibt sie in **Brotbackkursen** weiter.

Für mich!
Brot backen – ein Erlebnis für Sinne und Seele

Schon beim Gedanken an den würzigen Duft von frisch gebackenem Brot wird einem warm ums Herz. Was es braucht, um **Zutaten** wie Mehl, Wasser, Salz und Sauerteig zu einem reschen Laib werden zu lassen, das erklärt die Müllermeisterin auf ihre humorvolle Art – und lüftet dabei auch das ein oder andere Bäckergeheimnis! Anschließend wird gemischt, geknetet, geformt und gewürzt. Und natürlich auch genossen, denn während das selbst gemachte Brot im Ofen schwitzt, gibt es eine herzhafte Brotzeit. Daneben bleibt Zeit, sich im **heimeligen Mühlenladen** umzuschauen – dem Herzstück der alten Mühle am Fellbach.

Das erlesene Sortiment bietet alles, was es für eine gesunde, regionale Küche braucht – und das schon seit den 1980er-Jahren. Damals zählte die Wagenstaller Mühle noch zu den Pionieren der Bio- und Naturkostszene. Die großen Holzregale stecken voller **Getreide- und Mehlsorten,** Gewürze, Öle, Nudeln, Weine, Naturkosmetik und vielem mehr. Natürlich gibt es auch alles rund ums Brotbacken – vom Brotstempel bis zu Backformen. Eine bunte Mischung also, die zum Stöbern einlädt. Kaum verwunderlich, dass viele neben ihrem frischen Sauerteigbrot auch die ein oder andere Kleinigkeit aus dem Mühlenladen mit nach Hause nehmen.

Wagenstaller Mühle, Obermühl 49, 83083 Riedering,
Tel. (0 80 36) 77 20, www.wagenstallermuehle.de

60 Mein Tag Urlaub

WILDROMANTISCHER FLUSS

Die Schönheit des Prientals erkundet man am besten vom Fahrrad aus. Auf 28 Kilometern führt ein Radweg von Sachrang bis zur malerischen Schafwaschener Bucht.

Sie zählt zu den längsten Wildbächen in den Bayerischen Alpen: die Prien. Auf dem **Prientalradweg** begleiten Radfahrer den Gebirgsfluss auf seinem abwechslungsreichen Weg von der Quelle am österreichischen Spitzstein bis zur Mündung in den Chiemsee. Vorbei an imposanten **Wasserfällen** bahnt sich die Prien mal wild schäumend, mal verträumt plätschernd durch enge Felsschluchten und das weite Tal ihren Weg zum Bayerischen Meer – stets umrahmt von idyllischen Auen, schattigen Wäldern und blühenden Wiesen. Wer sich auf sein Fahrrad schwingt und in die Pedale tritt, hat eine herrliche Tour vor sich. Vom **Bergsteigerdorf Sachrang** führt der Weg über Aschau im Chiemgau und Prien am Chiemsee nach Rimsting, wo der Wildbach in die **Schafwaschener Bucht** mündet. Die gut ausgebaute Route entlang der naturbelassenen Prien ist in beide Richtungen beschildert. Folgt man dem natürlichen Lauf des Flusses, dessen keltischer Name Brigenna so viel wie „die aus den Bergen Kommende“ bedeutet, radelt man genussvoll, meistens leicht bergab und mit der Sonne im Rücken durch das wildromantische Priental.

Für mich!
Radeln an einem der längsten Wildbäche Bayerns

Doch nicht nur Radeln ist hier ein Genuss. Entlang des Ufers laden weitläufige **Kiesbänke** mit direktem Zugang zur Prien zum Pausieren und Sonnenbaden ein. An einigen Stellen ist sogar ein erfrischendes Bad im kristallklaren Wasser möglich. Oder man macht an einem **Biergarten** Halt und genießt eine Brotzeit unter dem Blätterdach alter Kastanienbäume. Entlang der Strecke liegen auch verschiedene Sehenswürdigkeiten wie das Müllner-Peter-Museum, **Schloss Hohenaschau** mit seiner Falknerei sowie die Kampenwandbahn oder das Priener Heimatmuseum. Von dort lohnt auch ein Abstecher zu den Chiemseeinseln. An der Prien-Mündung lädt eine kleine Holzhütte zu Naturbeobachtungen ein. Wer nicht die ganze Strecke mit dem Fahrrad fahren möchte, steigt zwischen Aschau und Prien auf die Chiemgau-Bahn um oder radelt nur eine Teilstrecke.

Prientalradweg, 83229 Aschau im Chiemgau,
www.aschau.de

ALPENLÄNDISCH-MODERNER LUXUS

Ankommen und durchatmen – schon ein kurzer Aufenthalt im Wohlfühlresort Das Achental wird zum Genuss und lässt sich ganz individuell verbringen.

Eine entspannt-luxuriöse Auszeit voller Genussmomente verspricht **Das Achental** am Rande des Luftkurorts Grassau. Das 4-Sterne-Resort sorgt mit seinem stimmungsvollen Ambiente im alpenländisch-modernen Stil sowie der zuvorkommenden Gastlichkeit von Beginn an für Wohlfühlatmosphäre. Platz zum Auftanken: Die rund 2000 Quadratmeter große **Wellnesslandschaft** ist Balsam für Körper, Seele und Geist. Sobald man in seinen flauschigen Bademantel geschlüpft ist, spielt Zeit keine Rolle mehr. Im lichtdurchfluteten **Infinitypool** lassen sich mit herrlichem Blick auf den Garten genussvoll ein paar Bahnen ziehen, ehe man es sich in den Ruhe-Oasen oder auf der Sonnenterrasse gemütlich macht. Für Verwöhnung von Kopf bis Fuß sorgen die angebotenen Wellnessbehandlungen und Massagen. Wer seinem Körper mit Bewegung etwas Gutes tun möchte, nimmt an einer Yoga-Einheit teil, nutzt den Fitnessbereich oder erkundet den hauseigenen **18-Loch-Golfplatz,** der mit seiner einmaligen Lage zwischen Chiemsee und Chiemgauer Alpen beeindruckt und sowohl für Einsteiger als auch Profis ein Highlight ist.

Für mich!
Ein Hauch Luxus im 4-Sterne-Resort Achental

Im Restaurant Weißer Hirsch wird vom reichhaltigen Frühstück bis zum erstklassigen Abendessen vor allem der Gaumen verwöhnt. Getreu dem Konzept „Chiemgau pur" gibt es regionale Köstlichkeiten und voralpine Spezialitäten. Einen krönenden Abschluss verspricht ein Dinner im ausgezeichneten **Gourmetrestaurant ESS:ENZ.** Hier zaubert Sternekoch Edip Sigl mit kulinarischen Schätzen des Chiemgaus außergewöhnliche Genussmomente auf den Tisch.

Auch Tagesgäste sind im Resort herzlich willkommen. Egal ob beim Spa Day im großzügigen Wellnessbereich, einem Sundowner mit Bergblick auf der Terrasse der Seehütte 10, einem beschwingten Jazz-Abend mit feinen Cocktails in der Achentaler Lounge & Bar oder beim Käsefondue in der urigen Hubertushütte – die Möglichkeiten sind vielfältig!

Das Achental Resort, Mietenkamer Straße 65, 83224 Grassau,
Tel. (0 86 41) 40 10, www.das-achental.com

KULINARISCHER NATURGENUSS

Ein zeitloser Rückzugsort ist das Landhaus Tanner in Waging am See. Das moderne Landhaus steht für Naturgenuss, Slow Food und echte Gastfreundschaft.

Am Rande des Genussortes Waging am See lädt das **Landhaus Tanner** zu einer Auszeit im Grünen. Vom ersten Moment an fühlt man sich hier willkommen. Jedes Zimmer ist ein stilvolles Unikat mit großen Fensterflächen, die den Blick nach draußen freigeben. Im Sommer verzaubert der mediterrane Innenhof mit seinem plätschernden Brunnen und dem herrlichen Duft von Rosen, Lavendel und Ziersalbei.
Die Natur steht auch kulinarisch im Fokus, denn das gastronomische Konzept basiert auf der **Slow-Food-Philosophie,** die Regionalität und Nachhaltigkeit mit hochwertiger Kochkunst vereint. Die Tanners schaffen es mit ihrer spürbaren Passion, die traditionellen Werte eines Wirtshauses mit alpiner Kulinarik sowie Tisch- und Weinkultur auf höchstem Niveau zu verbinden. Die Köstlichkeiten, die hier verarbeitet werden, stammen aus den umliegenden Obst- und Gemüsegärten, von den Weiden, Seen und Feldern der Region und werden saisonal, eigenständig und transparent als lokaltypische Gerichte vom Acker auf den Teller gebracht. Wer selbst solch ein kulinarisches Highlight zaubern möchte, nimmt an einem **Kochkurs** bei Küchenchef Franz Tanner teil.

Für mich!
Entspanntes Landleben, modern interpretiert

Zu Ruhe kommen kann man im **Alpin-Garten,** dem Spabereich des Hauses. Der Rückzugsort mit finnischer Sauna, türkischem Dampfbad, Wärmegrotte sowie Infrarotkabine lässt Wellness-Herzen höherschlagen. Oder man macht es sich auf den Daybeds bequem und genießt den Blick ins Grüne. Auf Wunsch werden Gesichtsbehandlungen und Massagen angeboten. Doch nicht nur drinnen kann man es sich gut gehen lassen. Wie wäre es mit einer Pause auf der Terrasse, einer Runde auf dem Barfußpfad oder mit Kneippen im erfrischenden Bach? Im **Steinbockstall,** der Radlgarage des Landhauses, kann man sich kostenlos ein Mountainbike ausleihen und die Umgebung erkunden. Und auf den Zimmern wartet eine Yogamatte mit Anleitungen für verschiedenste Übungen.

Landhaus Tanner, Aglassing 1, 83329 Waging am See,
Tel. (0 86 81) 6 97 50, www.landhaus-tanner.de

INNERE BALANCE

Das Farmhouse 1604 mitten im Naturschutzgebiet Seethal ist der perfekte Ort für ein Yoga-Retreat: Energie tanken und Körper und Geist in Einklang bringen.

Zwischen November und März, wenn es still wird rund um den See, lädt das **Farmhouse 1604** ein, sich bei einem Yoga-Retreat zurückziehen und neue Kraft zu schöpfen. Das denkmalgeschützte Steinhaus liegt im Seethal, dem Tal hinter dem Chiemsee. Einst das Bauernhaus eines Chiemsee-Fischers, beherbergt es heute vier außergewöhnliche Ferienwohnungen sowie ein großzügiges Yoga-Studio. Eingebettet in das Naturschutzgebiet des Achendeltas, kann man hier den Blick über weite Schilfflächen, Streuobstwiesen und grasende Kühe schweifen lassen, während man Yoga praktiziert, meditiert oder entspannt.

Für mich!
Eine Yoga-Auszeit, die nachhaltig bereichert

Ein **Yoga-Retreat** ist genau das Richtige, wenn man einen **Rückzug vom Alltag** braucht, seine Yogaroutine auf ein neues Level heben oder als Anfänger in die Praxis eintauchen möchte. Ob Hatha, Vinyasa oder Chi-Yoga – bei den vielen verschiedenen Angeboten ist für jeden etwas dabei. Der Tag beginnt bei einem Retreat ganz sanft mit einer morgendlichen Yogastunde. Im Laufe des Tages finden weitere wohltuende Einheiten statt, die individuell abgestimmt sind. Zwischendurch kann sich jeder wertvolle Zeit für sich allein nehmen und tun, wonach ihm ist: ein langer Spaziergang entlang des Seeufers, eine Meditation unter freiem Himmel oder ein Buch lesen. Auch Massagen können gebucht werden. Verschiedene Rückzugsorte und Sonnendecks rund um das alte Steinhaus laden dazu ein, die Seele baumeln zu lassen.

Übernachtet wird in den **Ferienwohnungen** des Farmhouse 1604, die man gesamt buchen kann oder als einzelnes Zimmer mit eigenem Bad. Im gemeinsamen Esszimmer gibt es Frühstück vom Buffet, Afternoon Tea und Abendessen. Hier gibt es Gelegenheit, sich mit Gleichgesinnten auszutauschen und neue Impulse zu bekommen, um voller Leichtigkeit und Klarheit zurück in den Alltag zu gehen. Wer nur eine kurze Auszeit braucht, kann im Farmhouse 1604 auch einzelne Yoga-Stunden buchen.

Yoga-Retreats im Farmhouse 1604, Seethal 11, 83236 Übersee, Tel. (01 75) 2 67 44 38 (nur WhatsApp), www.farmhouse1604.com

64 *Meine Frei-Zeit*

HOCH HINAUS

Der Turm zu Schloss Schedling ist eines der außergewöhnlichsten Urlaubsdomizile im Chiemgau. Sechs verschiedene Ferienwohnungen bieten ein besonderes Erlebnis.

Am Rande der historischen Altstadt von Trostberg ragt eine ausgefallene Unterkunft empor: Gleich neben dem alten Schloss aus dem 14. Jahrhundert zieht ein sandfarbener **Turm** die Blicke auf sich. Knapp 20 Meter hoch ist der quadratische Bau, der sechs exklusive Ferienwohnungen beheimatet, die Platz für eine originelle Auszeit bieten – romantisch zu zweit oder mit der ganzen Familie.

Mit seinen gewölbten Fensterbögen, den Schießscharten und Sprossenfenstern sowie den kleinen Erkerchen erscheint der Turm wie ein **Relikt aus längst vergangenen Zeiten.** Tatsächlich wurde er aber erst vor einigen Jahren neu errichtet.

Für mich!
Mittelalterliches Flair auf vielen Ebenen

Innen laden gemütliche **Stuben und Palais** dazu ein, die Seele baumeln zu lassen. Je nach Größe der Wohnung können hier bis zu acht Personen einen gemeinsamen Urlaub verbringen. Egal ob vorm knisternden Kaminfeuer, bei Kerzenschein in der Whirlwanne oder in der gemütlichen Sitzecke mit Panoramafenster, Gartenblick und einem Buch in der Hand – im Turm findet jeder seinen persönlichen Lieblingsplatz zum Ausruhen und Abschalten. Das verwinkelte, aber dennoch offene Raumgefüge, die sandfarbenen Wände und die natürlichen Holzmöbel sorgen für pures Wohlgefühl.

Während die kleinen Gäste durch versteckte **Geheimgänge** in ihre Schlafhöhlen krabbeln, können sich die Erwachsenen am Abend unter historisch anmutenden Gewölben in kuschelweiche Himmelbetten fallen lassen. Und für einen ruhigen Start in den nächsten Tag sorgt der Frühstücksservice des Cafés Schöne Helene, der auf Wunsch dazugebucht werden kann. Keine Ferienwohnung im Turm zu Schloss Schedling gleicht der anderen. Jedes Detail ist durchdacht und macht die Unterkunft zu einem wunderbaren **Schatzkästchen,** in dem es vieles zu entdecken gibt und sich immer wieder neue Blickwinkel eröffnen – perfekt also für Menschen, die im Urlaub einen außergewöhnlichen Perspektivwechsel suchen.

Turm zu Schloss Schedling, Schedling 4, 83308 Trostberg, Tel. (01 52) 23 96 02 60, www.schloss-schedling.de

65 *Meine Frei-Zeit*

IDYLLISCHES LANDLEBEN

Dass man bei Urlaub auf dem Bauernhof nicht auf einzigartige Architektur verzichten muss, beweist der Staller Ferienhof im denkmalgeschützten Bundwerkstadel.

Auf dem **Staller Ferienhof** können Familien vom Alltag abschalten, die Seele baumeln lassen und das **Landleben** genießen. Der Urlaubsbauernhof mit seinem einzigartigen Bundwerkstadel kombiniert das Flair längt vergangener Zeiten mit dem angenehmen Komfort von heute. Die sechs modernen **5-Sterne-Ferienwohnungen** im alpenländischen Stil lassen Urlaubsträume wahr werden und bieten Raum für unbeschwerte Tage.

Gleich vor der Tür wartet auf die Kinder der wohl schönste Spielplatz überhaupt: die freie Natur, die mit ihren Wiesen und Wäldern zum Toben, Fußballspielen oder Klettern einlädt. Die Erwachsenen können bei einem ausgedehnten Spaziergang an der frischen Luft entschleunigen. Zu einem Bauernhof gehören natürlich auch Tiere: Neben Kühen, Schafen, Ziegen, Hasen, Katzen, Hühnern, Pferd, Pony und Esel gibt es auf dem Staller Ferienhof auch Alpakas und ein Bienenhaus. Wer fleißig mithilft, verdient sich beim Tiere-auf-die-Weide-Bringen, Füttern und Streicheln sogar ein Stalldiplom.

Für mich!
Unbeschwerte Urlaubstage auf dem Bauernhof

Eine erfrischende Pause bietet im Sommer der malerische **Naturbadeteich,** der für reichlich Badespaß bei Klein und Groß sorgt. Anschließend macht man es sich am besten auf der Liegewiese gemütlich und lässt den Blick schweifen. Oder man verwöhnt sich mit einer Wohlfühl-Massage. An kalten Tagen lockt in jeder Ferienwohnung eine finnische Sauna. Daneben sorgt ein Infrarot-Strahler für wohltuende Wärme. Und wer im Schwalbennest, auf dem Heuboden oder in der Milchkammer untergekommen ist, kann sogar im eigenen Whirlpool relaxen.

Auch kulinarisch wird man am Staller Ferienhof verwöhnt. Angefangen beim Brötchenservice und dem leckeren **Frühstücksbuffet** mit hofeigenen Produkten über Schmankerl-Kastl mit regionalen Lebensmitteln bis hin zu echt amerikanischem Barbecue mit dem Smoker, saftigen Burgern vom Holzkohlegrill oder knusprigen Pizzen aus dem Steinofen – hier bleiben keine Wünsche offen.

Staller Ferienhof, Staller 1, 83370 Seeon,
Tel. (0 86 21) 6 49 69 29, www.staller-ferienhof.de

66 *Meine Frei-Zeit*

BEWUSST ABSCHALTEN

Nachhaltiges Reisen trifft auf traditionell-modernen Crossover-Style: Das großzügige Ferienloft Übersee21 ist ein wunderbarer Rückzugsort für zwei.

Was die Italiener charmant mit *dolce far niente* beschreiben, bekommt im **Übersee21** den richtigen Rahmen. In unserer schnelllebigen Zeit brauchen wir ab und an dieses „süße Nichtstun“, um neue Kraft zu schöpfen. Zwischen Bergen und Seen, im Luftkurort Übersee, lädt das großzügige Ferienloft auf 75 Quadratmetern dazu ein. Im ersten Stock des gemütlichen Hauses mit seiner bayerisch-alpinen Architektur und dem naturnah angelegten Garten findet sich eine **stilvolle Interior-Mischung.** Geschmackvolle Möbel erzählen Geschichten aus längst vergangenen Zeiten, während angesagte Design-Stücke und Reiseschätze aus der ganzen Welt für frischen Wind sorgen. Alt und Neu gekonnt vereint zu einer **Wohlfühloase.** Das i-Tüpfelchen des traditionell-modernen Crossover-Styles: die traumhafte Pfingstrosentapete, die mit fülligen Blüten und sanften Pastelltönen eine sanfte Harmonie schafft.

Für mich!
Eine Einladung, dem süßen Nichtstun zu frönen

Draußen präsentiert der weitläufige Balkon mit seinen bequemen Logenplätzen ein Naturkino vom Feinsten und gibt den Blick auf die **Bergkulisse** frei. Ein schönes Fleckchen Erde, das man gar nicht verlassen mag. Wen es dann doch nach draußen zieht, der entdeckt die Vielfalt des Chiemgaus und sammelt jede Menge Urlaubserinnerungen. Der **Chiemsee** mit seinen ruhigen Buchten ist in wenigen Minuten zu Fuß oder mit dem Rad erreichbar, die Berge mit ihren urigen Almen ebenso greifbar nah. Wege (ver)führen in alle Himmelsrichtungen.

Sandra und Armin Bielmeier haben nicht nur einen Raum für Entschleunigung geschaffen – sie möchten auch einen Beitrag zu mehr Nachhaltigkeit leisten. Der bewusste Umgang mit Ressourcen, die Verwendung natürlicher Materialen, die Restaurierung und Neuinszenierung alter Gegenstände oder der insektenfreundliche Garten samt eigenen Bienenstöcken: Das Übersee21 trägt eine nachhaltige Handschrift – für eine bewusste Auszeit, die Urlaub viel mehr sein lässt als Abenteuer und Erholung.

Ferienloft Übersee 21, Moosener Straße 21, 83236 Übersee, www.uebersee21.de

OASE DER ORIENTIERUNG

Stille finden und Atem holen – das Kloster Maria Eck am Fuße des Hochfelln ist ein spiritueller Ort, um innere Ruhe und Balance zu finden.

„Wenn es dir guttut, dann komm!“ Mit dieser Einladung heißen die Mönche des **Klosters Maria Eck** ihre Gäste willkommen. Ursprünglich wurde das Kloster im 17. Jahrhundert durch Benediktinermönche des Klosters Seeon gegründet. Seit 1891 wird es von **Franziskaner-Minoriten** bewohnt. Der Wallfahrtsort geht auf eine Legende zurück: Holzfäller sollen an dieser Stelle immer wieder Lichter gesehen und daraufhin eine Kapelle errichtet haben. Nach und nach entstand daraus das Kloster. Heute leben fünf Brüder in den ehrwürdigen Mauern, die sie mit jedem teilen, der möchte – egal ob Frau oder Mann, jung oder alt, gläubig oder nicht.

Für mich!
Im Klosteralltag Ruhe und neue Impulse finden

Von Siegsdorf aus schlängelt sich eine Straße vorbei an abgelegenen Weilern hinauf zum Kloster. Hier oben, fernab vom Alltag, kann man den Blick wie auch die Gedanken schweifen lassen. In der **Einfachheit und Klarheit** des Klosters findet man Raum, die innere Unruhe loszuwerden und neue Kraft zu tanken. Die schlichten Zimmer – Einzel- oder Doppelzimmer sowie eine Ferienwohnung – sind mit allem ausgestattet, was man braucht. Gegessen wird in Gemeinschaft mit allen Klosterbewohnern oder man versorgt sich selbst. Es sind die verschiedensten Gründe, die in einem das Bedürfnis nach einer Auszeit im Kloster wecken. Ob die Erholung von Hektik, Stress und Reizüberflutung, die Vertiefung der eigenen **Spiritualität** oder die Suche nach Orientierung – ein Klosterurlaub ermöglicht es, sich zurückziehen, Raum für neue Impulse zu schaffen und dabei in einen für Außenstehende oft faszinierenden Lebensstil einzutauchen. Wer möchte, kann am religiösen Tagesablauf teilnehmen, oder man unternimmt – wie bei einem „normalen“ Urlaub auch – Ausflüge, Wanderungen und Radtouren.

An einer friedlichen Waldlichtung liegt etwas abseits die **Einsiedelei** des Klosters Maria Eck. Auch hier lässt sich eine achtsame Zeit verbringen. Die einfache Hütte ist, wie auch das Kloster, ein Ort der Stille für gestresste Seelen.

Kloster Maria Eck, Maria-Ecker-Straße 2, 83313 Siegsdorf, Tel. (0 86 62) 4 98 50, www.kloster-mariaeck.de

dir eine Tür geöffnet, die niemand
mehr schließen kann

Körper und Geist im Einklang

Mit Meditation zur Ruhe kommen

Bereits seit Jahrtausenden nutzen Menschen mentale Übungen wie Meditation, um ihre Wahrnehmung zu verbessern, im Hier und Jetzt zu sein und Körper und Geist etwas Gutes zu tun. Ursprünglich wurde Meditation aus religiösen oder spirituellen Motiven praktiziert. Heute nutzen viele sie als Stopptaste im hektischen Alltag. Denn Meditation ist keineswegs nur etwas für Gurus. Alles, was es braucht, sind Ruhe und der Wille, etwas Neues auszuprobieren.

Meditation kann sowohl passiv als auch aktiv praktiziert werden. Gleich ist allen Meditationsformen die Konzentration der Aufmerksamkeit, zum Beispiel auf den Atem. Ziel ist, den Geist zur Ruhe kommen zu lassen.

Mit Meditation lernt man, in sich hineinzuhören und zu erkennen, was einem guttut. Meditation schafft aber noch mehr: Sie wirkt sich positiv auf unser Wohlbefinden aus und verbessert die mentale Gesundheit. Schon wenige Minuten am Tag helfen, Stress zu reduzieren, emotional ausgeglichener zu werden sowie Konzentration und Kreativität zu steigern. Daneben wird auch die physische Gesundheit verbessert. Meditation stärkt das Immunsystem, beugt Bluthochdruck vor, mildert Kopfschmerzen und hilft bei Schlafproblemen.

Tipps zum Meditieren

Für den Einstieg empfiehlt sich eine passive Meditation mit Fokus auf den Atem. Um zu starten, wählt man einen Ort, an dem man sich wohlfühlt und Ruhe findet. Egal, ob drinnen oder draußen, Hauptsache ist, man wird möglichst nicht abgelenkt. Zum Meditieren nimmt man eine bequeme Sitzhaltung ein. Meditation verlangt keine bestimmte Körperhaltung, wichtig ist nur, dass man frei atmen, entspannt und aufmerksam bleiben kann. Nun noch einen Timer stellen, der nach 10 Minuten das Ende der Meditation mit einem sanften Weckton signalisiert. Wer möchte, schließt die Augen, um sich besser fokussieren zu können. Um bei sich selbst anzukommen, nimmt man fünf bewusste Atemzüge. Anschließend bleibt die Aufmerksamkeit beim Atem, während dieser natürlich fließt. Man achtet darauf, wie der Atem ein- und ausströmt und verfolgt den Weg der Luft von der Nase bis in die Lunge mit all seinen Details: Wo berührt die Luft die Nase und den Rachen? Wie hebt und senkt sich der Brustkorb? Wenn man den Fokus verliert und von Gedanken abgelenkt wird, ist das anfangs völlig normal. Man lässt die Gedanken einfach wie Wolken weiterziehen und bringt die Aufmerksamkeit sanft zurück zum Atem. Ziel ist es, sich während der gesamten Meditation auf den Atem zu konzentrieren. Wenn der Wecker klingelt, öffnet man behutsam die Augen, steht langsam auf und versucht, die meditative Geisteshaltung mit in den Alltag zu nehmen.

Genau wie bei anderen Fähigkeiten braucht es Zeit und Übung, um Meditation zu erlernen. Wer dranbleibt, dem fällt es immer leichter – und es lohnt sich! Denn schon der Versuch, sich auf seinen Atem zu fokussieren, hat positive Effekte auf Körper und Geist. Wem es mit Unterstützung leichter fällt, kann auch eine angeleitete Meditation via App oder YouTube ausprobieren.

GESTALTEN UND ERLEBEN

Inmitten der oberbayerischen Bilderbuchlandschaft liegt der Reifnhof, der mit einer gelungenen Mischung aus Erlebnisbauernhof und Kreativoase begeistert.

Durch ihre Leidenschaft, ihre Persönlichkeit und ihre Herzlichkeit macht sie den **Reifnhof** zu dem, was er ist: Familie Stein – Landwirte in elfter Generation, Naturliebhaber und Lebenskünstler. Bauer Sepp und Bäuerin Sybille eröffnen ihren Gästen mit Glücksmomente-Wochen einen Raum für die Seele und ein Reich für die Sinne, eine ganz besondere Auszeit auf dem Land. Der familienfreundliche, ökologisch geführte Bauernhof liegt im kleinen Weiler Stadl unweit des **Simssees.** Inmitten einer von Grün- und Blautönen geprägten Landschaft mit Wiesen, Obstbäumen und Maisfeldern sowie kleinen und größeren Seen kann man die Natur mit allen Sinnen erleben, die Ruhe spüren und ins Landleben eintauchen.

Für mich!
Kreativer Urlaub auf dem besonderen Bauernhof

In erster Linie ist der Reifnhof ein klassischer **Bauernhof** mit vielen Tieren wie Rindern, Schafen, Hühnern, Hasen oder Katzen. Eine Besonderheit ist vielleicht, dass jedes Tier einen Namen trägt und Gäste während des Urlaubs sogar eine Tierpatenschaft übernehmen können. Doch der Reifnhof ist noch mehr: Vom erfrischenden Tautreten am Morgen über ein entspannendes Waldbad bis hin zur kreativen Wiesenmalerei – ein Urlaub auf dem Reifnhof ist geprägt von **Kreativität und Entschleunigung.** Als ausgebildete **Kunsttherapeutin** unterstützt Bäuerin Sybille ihre Gäste dabei, verborgene künstlerische Talente zu entdecken, in einen individuellen Schaffensprozess zu gelangen und die eigenen fünf Sinne neu zu erleben.

Ihr Quartier können die Gäste in einer der vier Ferienwohnungen im liebevoll renovierten Bauernhaus beziehen. Auf dem weitläufigen Hofareal locken aber auch ein kleiner Campingplatz sowie drei **Schäferwagen.** In den urigen Wagen lässt es sich allein, zu zweit oder sogar mit der ganzen Familie herrlich anders wohnen. Für erholsame Stunden gehört zu jedem Schäferwagen eine Terrasse samt Sonnenliegen und Feuerschale – ein herrlicher Blick auf die Ratzinger Höhe inklusive.

Ferienparadies Reifnhof, Stadl 1, 83083 Riedering,
Tel. (0 80 36) 9 09 82 91, www.reifnhof.de

EINS MIT DER NATUR

Ein Wohlfühlort zum Verweilen – das ist die STUBN in der Frasdorfer Hütte. Auf einem Hochplateau kann man die Ruhe der Chiemgauer Alpen genießen.

Wenn die warme Abendsonne die Holzschindeln der Hütte in goldenes Licht taucht, das Läuten der Kuhglocken über die Almwiesen hallt und die Bergbienen über einem Meer aus Wildblumen schweben, dann ist man angekommen in der STUBN. Die Vision des **Gästehauses inmitten der Berge** ist es, Raum zu geben, um die Landschaft und die Ruhe gänzlich auf sich wirken zu lassen. Diese Vision wird auch in den Zimmern der STUBN sicht- und spürbar. Über die alte, knarzende Holztreppe geht es hinauf. Natürliche Materialien, warme Farben: Hier trifft schlichtes, stilvolles Design auf Gemütlichkeit. Das unaufdringliche Interieur holt Wald und Berg hinein in die STUBN.

Für mich!
Die Verbindung zur Natur neu entdecken

Dem **Rhythmus der Natur** folgt auch die Küche in der Frasdorfer Hütte. Moderne Alpenküche mit regionalen Produkten steht auf dem Menü, gekocht wird saisonal. An grauen Regentagen sind die Karamellbuchteln mit Staubzucker wahre Seelenwärmer. Am Abend darf es gerne Lachsforelle mit Kohlrabi oder Reh mit Mangold und Polenta sein. Die Fische sind fangfrisch aus dem Chiemsee, das Wild aus den eigenen Wäldern, das Gemüse kommt von den Feldern der Gärtnerei Jolling. Die STUBN ist ein Ort, an dem Tradition und Handwerk wieder **Wertschätzung** erfahren. Den bildschönen Kachelofen in der STUBN beispielsweise zieren Kacheln der Inseltöpferei Klampfleuthner von der Fraueninsel.
Auch das Wappentier der STUBN – der für die Bayerischen Alpen typische sagenumwobene Wolpertinger – wurde mit Bedacht gewählt. Das fabelhafte Mischwesen spiegelt das Team und Wesen der STUBN wider. Und auch die Vision, die alten und neuen **Traditionen der Alpenregion** zu leben, zu lieben und immer wieder neu zu erfinden.
Und wie kommt man zur Frasdorfer Hütte? Die Antwort ist einfach: zu Fuß oder mit dem Rad. Sie ist nah genug, um sie von Frasdorf oder Aschau bequem zu erreichen, und weit genug weg, um wirklich draußen zu sein!

STUBN in der Frasdorfer Hütte, Am Zellboden, 83112 Frasdorf, www.stubn.co

70 *Meine Frei-Zeit*

WENIGER IST MEHR

Eine Auszeit im Tiny House „Gartenzwerg" lässt den Geist zur Ruhe kommen und zeigt, dass es für das große Glück meist nur ganz wenig braucht.

Knapp 18 Quadratmeter misst das **Tiny House** „Gartenzwerg" am Fuße der Kampenwand. Und dennoch bietet das kleine Urlaubsdomizil im ruhigen Garten des Gästehauses berge in Aschau im Chiemgau alles, was es für eine erholsame Auszeit allein oder zu zweit braucht. Minimalistisches Design trifft auf hochwertige Materialen, die Fenster holen die Natur ins Innere und schaffen eine wunderbare Wohlfühlatmosphäre.

Dank der **geschickten Aufteilung** ist im Minihaus alles untergebracht, was es für einen entspannten Aufenthalt braucht: eine gemütliche Sitzecke, ein kleiner Wohnbereich und eine voll ausgestattete Küche. Im Schlafbereich lädt ein 1,60 Meter breites Doppelbett zum Ausschlafen und Kuscheln ein. Und natürlich hat das Tiny House auch ein kleines Bad. Alles, was unnötig ist, wurde hingegen weggelassen. So eröffnen sich zwischen all den Ecken und Kanten auch immer wieder neue Blickwinkel. Kein Fernseher, kein Telefon und nicht immer der beste Handy-Empfang – durch seinen reduzierten Charakter lässt das Tiny House seinen Bewohnern viel **Raum und Zeit.** Zeit zum Genießen, Zeit zum Sein. Egal ob drinnen oder auf der kleinen Terrasse direkt vor der Haustür – in der Ruhe des „Gartenzwergs" fällt es leicht, abzuschalten und den eigenen Gedanken nachzugehen. Wer dennoch etwas Abwechslung sucht, stöbert in der feinen, erlesenen Bibliothek, macht es sich auf dem herrlichen Sonnendeck im Garten bequem oder stattet der Boule-Bahn einen Besuch ab.

Für mich!
Den Fokus auf das Wesentliche richten

Seinen Ursprung hat das Gästehaus berge, zu dem auch drei Tiny Houses gehören, übrigens bei der **Nils Holger Moormann** Möbel GmbH. Design-Liebhaber sollten dem Firmensitz, der nur wenige Gehminuten entfernt liegt, unbedingt einen Besuch abstatten. Hier lassen sich wunderschöne Designmöbel mit intelligenten Details entdecken und ein spannender Blick hinter die Kulissen der Manufaktur werfen.

Gästehaus berge, Kampenwandstraße 85, 83229 Aschau im Chiemgau, Tel. (0 80 52) 90 45 17, www.moormann-berge.de

Bibliografische Information der Deutschen Nationalbibliothek
Die Deutsche Nationalbibliothek verzeichnet diese Publikation in der Deutschen Nationalbibliografie; detaillierte bibliografische Daten sind im Internet über http://dnb.d-nb.de abrufbar.

Konzeption/Satz: Droste Verlag, Düsseldorf
Einbandgestaltung: Vernice Collet, Düsseldorf
Fotos: Kerstin Riemer, außer:
Sepp Baumgartner: S. 113; Chiemgau-Thermen Bad Endorf: S. 141;
Relais & Châteaux Gut Steinbach Hotel Chalets SPA: S. 123;
www.saunawagerl.de: S. 19; Sebastian Voltmer: S. 17;
Günter Standl: S. 149, 155
Druck und Bindung: LUC GmbH, Greven

MIX
Papier aus verantwortungsvollen Quellen
FSC® C011279
FSC www.fsc.org

ISBN 978-3-7700-2413-5
www.droste-verlag.de